山奥の小さな旅館に外国人客が何度も来たくなる理由

「また行きたい！」を生む新インバウンド戦略

二宮謙児

あさ出版

はじめに

インバウンド復活期を迎えて

私は二〇一七年、「旅館 山城屋《やましろや》」のインバウンド（訪日外国人旅行者）への取組みについて、『山奥の小さな旅館が連日外国人客で満室になる理由』という本にまとめました。

山城屋は、私が家族とともに経営する大分県の湯平《ゆのひら》温泉にある小さな旅館です。湯平は、昭和四〇年代までは「療養温泉地の西の横綱」と呼ばれるほどに大変栄えた温泉地でしたが、次第に客足が遠のき、平成の時代には旅館の数も最盛期の三分の一にまで減ってしまいました。

そうしたなか、私はお客様の市場を海外に求めました。

インバウンドの受入れに向けたさまざまな取組みを行った結果、山城屋は世界最大の旅行口コミサイト「トリップアドバイザー」の宿泊施設満足度ランキング「日本の旅館部門２０１７」で全国第３位となり、連日、海外からのお客様で賑わうようになりました（二〇二四年度は同部門全国第2位になりました）。

「どうすれば外国人のお客様に喜んでもらえるか？」「どうしたら山奥の不便なところま

で来てもらえるか？」――長年にわたって当館が取り組んできた経営ノウハウを余すことなく綴ったこの本は、同業者だけでなく、地域活性化に取り組む自治体や観光関係の方々からも関心をもたれ、「話を聞かせてください」と全国各地から訪問が相次ぎました。

官公庁主催のシンポジウムやセミナーの講演依頼なども続き、私は一気に忙しくなり、日本は「観光立国」の名のもとに、これから観光客が右肩上がりで確実に増えていくだろうと信じて疑いませんでした。

しかし、二〇二〇年の年明け、突如私たちの前に現れた「新型コロナウイルス」は、そんな世の中を一変させました。

密集回避・密閉回避・密接回避という「三密回避」の名のもとに、あれほど賑わっていた観光地はどこも閑散とし、その影響は観光業のみならず、全世界のあらゆる産業、あらゆる文化・スポーツ、日常の生活にまで及びました。

私の経営する旅館も宿泊客はほぼゼロの日が続くこととなりました。国の緊急事態宣言が発令された二〇二〇年の四月、五月の2か月間は完全休業を余儀なくされました。

旅館は「泊まってくれる人」がいて初めて成り立つ仕事ですが、インバウンドはおろか、国内の県境をまたぐ移動さえ自粛が叫ばれ、県内でも三密を避けて外出を回避する動きが日常的となるなか、旅館を訪れる人はほとんどいませんでした。

コロナ禍で見つけた三つの宝

完全休業となった旅館の経営者である私は、日々「今できることは何か？」を自分自身に問い続けました。

やがて、「コロナ禍の不幸は私だけではなく、世界中の人々も同じなのだ。不幸なのは自分だけじゃない」と思い至ると、それからは、前向きに「今できることは何か」を考えられるようになりました。そして長引くコロナ禍のなかで、私は「三つの宝」を発見しました。

それは、今まで気がつかなかったものや、気がついていても日々の忙しさのなかで置き去りにしていたもの、あるいは、まさに「奇跡の出会い」とでもいうべきものでした。コロナ禍がなければ、一生気づくことがなかったかもしれません。

新型コロナウイルスはとんでもなく私たちを不幸にしましたが、コロナ禍で気づかされたことも多くありました。そんな経験をしたのは私だけではないでしょう。

令和時代の私たちは、コロナ禍を経験して、「ウィズコロナ」の新常態（ニューノーマル）への適応を求められています。それは、コロナ禍以前とは異なるものですが、必ずしも過去を全否定するものでもないと思います。

観光業が打撃を受けた当初、世間ではかつてのインバウンドへの取組みを否定する論調が目立ちました。「日本はインバウンドに浮かれていたのではないか」「観光業の低迷は日本人客を軽視したツケだ」などです。

翻って自分自身を見つめ直すと、決して「浮かれていた」わけでもありませんし、「日本人軽視」など考えたこともありません。山城屋のスタンスは、シンプルに「どこの国の方も安心して過ごしていただける旅館」です。それは今後も変わることはありません。

残念ながら、コロナ禍は人々の心の分断を深めた気がします。

私の住む大分県は、コロナが現れる前年の二〇一九年にラグビー・ワールドカップの試合が行われた日本でも数少ない県のうちの一つです。準々決勝を含めて5試合が開催されました。県の中心部である大分駅の前は多くの外国人で溢れ、普段は外国人と触れ合う機会の少なかった一般市民が大型スクリーンの前で肩を組んで盛り上がったものです。「地方都市にもいよいよ国際化の波がやって来た」と誰もが感じていました。

ところが、今は同じ日本人同士でさえ、ちょっとしたことで敵対心が生まれ、排他的な風潮が国際化の流れを後退させているのではないかと危惧しています。

本書は、アフターコロナ時代の新たなインバウンド戦略について紹介するものですが、同時に、第1章でお伝えする「三つの宝」は、心の分断を融和へと導いてくれる「小さな希望」ともいえるものです。

最高のおもてなしは安心感

私の旅館で、集客が最盛期の2割程度にまで落ち込んだとき、はるばる遠方からいらして励ましてくれたのは常連のお客様でした。コロナが落ち着いたあとに真っ先に予約をしてくれた外国のお客様は、かつて訪れてくれたリピーターさんでした。

私は大変ありがたく思うとともに、アフターコロナの観光業にとって、もっとも大切なことは「二度三度来ていただける環境づくり」ではないかと考えるようになりました。

私は、二〇一八年四月から、大分県内のインバウンドを推進する人や企業・団体とともに「インバウンド推進協議会ＯＩＴＡ」(現・インバウンド全国推進協議会)という組織を運営し、会長を務めています。

協議会では、コロナ禍の約3年間、「明けない夜はない」と信じ、仲間たちと一緒に来るべきインバウンド復活期へ向けてさまざまな取組みを行ってきました。今、その取組みが長いトンネルを抜けて、ようやく実を結ぶ段階にさしかかっています。

前著に記した言葉「最高のおもてなしは安心感」は、今でも、私のあらゆる取組みの指針となっています。お客様の「安心感」は「満足感」へと変わり、「リピーター」につながります。リピーターを生むための仕組みづくりがもっとも重要であり、まさに持続可能な観光業の柱であると考えます。

私がコロナ禍で見つけた「三つの宝」、そして、当協議会が取り組んでいる「二度三度来ていただける環境づくり」、さらに「多様性の時代への対応法」について、本書で詳しくご紹介します。四つの成功事例も掲載しました。参考にしてください。

これからアフターコロナを生きるうえで、私たちの社会が今よりさらに安心して、お互いに信頼し合える世界であることを心から願って。

旅館 山城屋 代表　二宮謙児

二〇二四年八月

to OITA ▶ Bus stop 34

第2章 地域ぐるみでインバウンドに取り組む

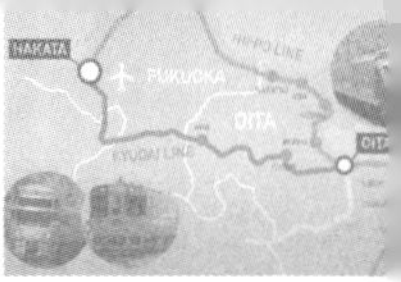

第3章 リピーターを生む仕組み

第4章 多様性の時代に対応する

山城屋

第1章

コロナ禍を乗り越えて

#1 「寅さん」に助けてもらおう

コロナ禍で始めた新サービス

二〇二〇年の一月は、当館においてもまだまだ外国人客の姿が見られ、その後に起こる長い「不遇の時代」はまったく予想もしていませんでした。

翌二月あたりから、国内での新型コロナウイルス感染者の発生状況が明らかになるにつれ、宿泊予約のキャンセルが相次ぎ、予約帳はあっという間に真っ白になってしまいました。宿泊客のいないガランとした旅館で何もすることがない私は、「今できることは何か?」を日々模索していました。

そうしたなか、新たに取り組んだのが「立ち寄り湯」と「ランチ」でした。以前にも考えたことはあったのですが、このような「お昼の営業」は、私たち家族経営の小規模旅館にとってはかなりハードな業務です。

宿泊のお客様の対応だけで精一杯で、前日のお客様のチェックアウトから次のお客様のチェックインまでの時間は館内の清掃と準備に追われ、午後の余った時間は私たちの貴重

コロナ禍で「立ち寄り湯」と「ランチ」を始めた

な休憩時間でした。しかし、毎日が「開店休業」となった時点でそんなことは言っていられません。

私は急いで、「立ち寄り湯」と「ランチ」の幟《のぼり》を調達して道路沿いに掲げ、チラシを作成しました。

はたしてどれほどの集客が見込めるかまったく不明でしたが、二月の終わりから始めた「立ち寄り湯」と「ランチ」の営業は、予想以上の反響がありました。

それまでの宿泊のお客様は、外国人を除くと東京や大阪などの大都市からの方で占められていましたが、「日帰り」という気軽さからか、地元の大分県内や隣県からのお客様を多く見かけることになったのです。

「湯平温泉は近すぎて宿泊までは……」と敬遠していた方や、ご家庭のさまざまな事情で宿泊のできない方も「日帰りなら」と、気軽に利用していただけるようになったことが大きな要因だと思われます。

このようなお客様と接するなかで、一つの発見がありました。

それは、お客様との「コミュニケーションの時間」が意外に多くとれるということです。

宿泊のお客様と比べて滞在時間の少ない日帰りのお客様のほうがコミュニケーションの時間が多くとれるというのは不思議に思われるかもしれませんが、たしかにお客様と接する時間は宿泊のお客様よりも多いのです。

なぜかといえば、宿泊客の場合は、チェックインとチェックアウトのとき以外はほとんどお部屋に籠《こも》ってしまうので（当たり前ですが）、われわれが実際に接する時間はかぎられています。

しかしながら、「日帰り」のお客様はそもそも籠る部屋がありませんから、私たちからすれば、ロビーやレストランなどで、準備ができるまでの間や食後の寛いだ時間などに何気ない雑談をかわす機会に恵まれるのです。このお客様とのちょっとした雑談のなかで、私は大きなヒントを得ることになりました。

バーチャル動画をつくって発信

日帰りのお客様との会話でもっとも多い話題は「コロナ禍での観光」についてでした。外出しづらい状況で、人は何を求めているのか？　私はなかばリサーチする気持ちでランチにいらしたお客様に尋ねました。

あるお客様の答えは、「今はバーチャル（疑似体験＝ＶＲ）が求められているんじゃないでしょうか」というものでした。たしかに、ＶＲゲームやＶＲ海外旅行など、バーチャルが新たな体験として広がりつつありました。

私は早速、旅館でできるバーチャルに取り組むことにしました。それは、お客様がご自宅にいながらにして旅館に宿泊した気分になれる動画です。

私自身が動画撮影を趣味としていたこともありますが、テーマが決まるとすぐに動画制作を始めました。

チェックインから夕食の時間までを「お客様目線」で撮影し、見ている人があたかもご自身が旅館に来ているかのように感じられる動画づくりに取り組みました。

私がお客様役になってカメラで撮影しながら玄関から入ると、女将《おかみ》である家内が「いらっしゃいませ。ようこそお越しくださいました」と出迎えます。

それから、色浴衣を選んでお部屋へと案内します。客室でいつもどおりの案内を受けたところで、今度は露天風呂の入浴です。私は実際に裸のままカメラを持って湯船に浸かります（安心してください。私は映っていませんよ）。

その後、レストランで次々に運ばれてくる夕食に舌鼓を打ち、生ビールを飲むところでおしまいです。

このようにリアリティーのある動画を視聴することによって、気軽に「旅行気分」を味わっていただくことを狙い、見た人が、いずれ観光マインドが回復した際に本物を体験しようと真っ先に訪れてくれることを期待して制作しました。

コロナ禍で観光業が疲弊するなか、「旅館が自ら制作した動画」が珍しかったこともあり、地元はもちろん、全国版の新聞やテレビでも大きく取り上げられました。その後、この動画で当館のことを知って、「泊まってみたい」と思った方が実際に宿泊し、リピーターになることにもつながりました。

私は、お客様からのヒントをもとに、「今できること」を素直に形にしただけでした。窮地を救ってくれるのはやはり「人」なのだとあらためて実感しました。

■バーチャル動画をつくってYouTubeにアップ

お客様目線で館内を撮影

気軽に「旅行気分」を味わってもらう

動画「旅館を動画で体験」

コロナ禍に追い打ちをかけた豪雨

新型コロナウイルスの出現で観光客が激減した湯平温泉は、二〇二〇年七月七日、七夕の日に、追い打ちをかけるような大災害に見舞われました。「令和二年七月豪雨」です。

七月三日から熊本県を中心に九州や中部地方などで発生した集中豪雨は各地に甚大な被害をもたらしましたが、湯平温泉でも六日深夜から翌朝にかけて、それまで経験したことのない豪雨が続き、町の中心部を流れる花合野川《かごのがわ》が一気に氾濫しました。

川辺に近い旅館の人たちは避難を余儀なくされ、残念ながら温泉街に住む一家四人が避難途中で濁流に流されてしまうという不幸にも見舞われました。

最寄りの幹線道路である国道210号線から湯平温泉までの県道はいたるところで崩れ落ち、一時は温泉場が陸の孤島のようになりました。

やがて、少しずつ復旧作業が進みましたが、テレビや新聞で繰り返し「被災地」として報道されるたびに、観光地としてはマイナスのイメージが広がり、コロナ禍と相まって客足がすっかり遠のいてしまいました。

豪雨に見舞われた二〇二〇年の七夕は、湯平温泉に住む私たちにとって生涯忘れられない日となりましたが、私はその数日前に当館を訪れていた常連のお客様から大いに助けられたのです。

隣県の福岡県からお越しのお客様でした。何度もお会いしたことがあり、当館や湯平温泉を常日頃から応援してくれている方です。湯平温泉が被災する日の2日前に、東京からのご友人と一緒に来館されました。コロナ禍の最中ではありましたが、お二人はいつもどおりの和やかな雰囲気のなかで山城屋を楽しんでいました。とくに、館主である私の趣味の部屋「寅さんの部屋」に大変興味をもたれました。

「寅さん」とは、日本が誇る超ロングシリーズの松竹映画『男はつらいよ』の主役、車寅次郎の愛称です。この部屋は、『男はつらいよ』に関する書籍やパンフレットなどを、私が個人的に収集して展示している露天風呂前の休憩所です。

映画『男はつらいよ』は、一九六九年から二〇一九年までの50年間に50作品が公開されましたが、その30作目「花も嵐も寅次郎」は湯平温泉で撮影された作品です。そのロケの際に主演の渥美清さんや共演のマドンナ田中裕子さんからいただいた直筆サインなどを「寅さんの部屋」に展示しています。

私自身が「寅さん」の大ファンであったこともありますが、「寅さんのロケ地」といわれる場所は日本全国でもかぎられており、このご縁を大切にしたいという思いで20年近く前から飾っているのです。

その二人のお客様は、お帰りになった直後に発生した豪雨災害をテレビニュースで知るやいなや、いち早く安否を気づかう連絡をくださいました。「何かお手伝いできることはないですか?」という言葉だけでも嬉しかったのですが、そのとき驚くべきご提案をいただいたのです。

寅さんに助けを求めましょう!

建物などの被害を免れた当館は、地域の自主避難先として川沿いの住人たちが数日間避難していました。水道も止まり、一時は携帯電話の電波も届かず、いずれ復旧するとは思いつつも甚大な被害を受けた湯平温泉の人々の心は暗く沈んでいました。

そうしたなかで、つい前の週にお越しいただいたお客様からこんなご連絡をいただいたのです。

「二宮さん、寅さんに助けを求めましょう!」

私は何のことだかさっぱり見当もつきませんでしたが、お話を伺ううちに「なるほど」と思えるようになりました。ご提案は次のようなものでした。

「湯平温泉は寅さんの撮影があったところでしたよね。寅さんと縁のある地なのですから、製作された松竹さんに掛け合って、山田洋次監督や当時のマドンナの田中裕子さん、お相手役の沢田研二さんに、湯平を応援するメッセージをいただいてみてはどうですか?」

思いもかけないことでしたが、これまでの人生でも「ダメでもともと」「やるかやらないか」の精神で乗り越えてきたことが何度もあったので、この提案に思い切って乗ることにしました。

とはいえ、映画会社に個人的なツテがあるわけでもなく、「どうしたものか?」と思案していると、なんと東京からいらしていた先のお客様が連絡先を調べてくれたのです。聞けば、友人の知り合いに松竹さんと関係深い会社の方がいらっしゃり、その方が松竹さんとの仲介役を買って出てくれたそうです。

そこまでお膳立てをしてもらったらやるしかありません。私は、勇気を振り絞って、教えていただいた連絡先へメールを送りました。被災して8日目、私が発信したメールは次のような内容でした。

「はじめまして。私は、大分県湯平温泉 旅館山城屋の二宮謙児と申します。

〇〇さんと〇〇さんのご紹介で初めてご挨拶をさせていただきます。

私は、五〇年来の寅さんファンの一人です。私の住む大分県湯平温泉は、『男はつらいよ』の第三〇作「花も嵐も寅次郎」の舞台となりました。

湯平温泉は、石畳の坂道が古き良き湯治場の風情を残す昔ながらの温泉場です。

山田監督も、おそらくこのような風情が最も寅さんに似合うと判断されてロケ地とされたことと思います。

その湯平温泉が、ご承知の通り、このたびの豪雨に見舞われ甚大な被害を受けました。名物の石畳は川と化し、旅館は何軒も床上浸水となり、共同浴場もひとつは完全に流されました。死者・行方不明者も四名出ております（温泉場への道路は現在も寸断されたままです）。

これから復興へ向けての長い道のりが予想されますが、必ずやまた多くの観光客に訪れていただけるようになるものと固く信じているところです。

しかしながら、現時点では湯平の人々の心は暗く沈んでおります。

そこで、誠に一方的で勝手なお願いではございますが、「寅さん」のご縁で復興へのお力添えをいただけないものかと思いご連絡させていただいた次第です。

具体的には、山田洋次監督やご出演された沢田研二さん、田中裕子さんから湯平温泉復興へ向けてのメッセージなどです。

また、一案としては、「寅さん」こと渥美清さんの等身大パネルに「湯平がんばれ！」の文字と共に山田洋次監督の直筆サインなどいただけましたら、そのパネルを石畳入口の観光案内所前に設置することにより、観光客のみならず、一般住民の目にも留まり、「復興への励ましのシンボル」となり得るのではないかと考えています。

もし、このことが実現出来たとしましたら、当湯平温泉としましても、そのことを各種メディアへ積極的に情報発信することにより、広く人々の共感を集め、復興への起爆剤とさせていただければと考えています。

突然のメールで、誠に一方的で身勝手なお願いではございますが、ご一考の程お願い申し上げます。

山田監督へくれぐれもよろしくお伝えくださいませ。

湯平温泉　旅館山城屋　二宮 謙児」

私は、突然このような内容のメールを一方的にお送りして、はたしてどのように対応していただけるか内心ドキドキしていました。

ところが、メールをお送りした翌日の午前中に、松竹のご担当の方から直接電話がかかってきたのです。

「関係者と情報共有するため、状況や設置場所など、より詳しい要望内容を教えてください」とのことでした。ダメ元で一方的かつ突然にお願いしたにもかかわらず、迅速かつ丁寧に対応してくださったのです。

サイン入り等身大パネルが届いた

その後、詳細に十数回ものメールのやりとりをさせていただき、初めてのメールから1か月半後の八月の終わり、人間が入るほどの大きな包みが届きました。

「寅さんの等身大パネル」でした！

パネルには、山田洋次監督の直筆で、「寅さんも心配しています。湯平温泉がんばれ！」と書かれていました。さらにその上下に、「湯平の皆様の発憤興起《はっぷんこうき》に敬意！」という沢田研二さんのお言葉や、「寅さんが来たよ。ここで少し休んでいってください。」というマドンナ田中裕子さんの温かい直筆メッセージが添えられていました。

山田監督をはじめ、沢田研二さん、田中裕子さんという大スターの方々が、被災した湯平温泉を心から応援してくれていることを実感し、本当にありがたく思いました。

この贈り物は、私個人ではなく、湯平温泉復興のためにいただいたものですから、湯平観光案内所の前に設置し、観光客や地元住民の目に広くとまるようにしました。

九月一一日、観光案内所の前で、多くの地元住民が見守るなか、観光協会によって「寅さん等身大パネル」の除幕式が催されました。その日の夕方のテレビニュースは地元局すべてがこの話題となり、翌朝の新聞各紙でも大きく取り上げてもらえました。

新型コロナに豪雨災害と暗い話題ばかりだったなかで、久しぶりに湯平温泉に明るい話

直筆メッセージが入った「寅さんの等身大パネル」

題を提供でき、沈みがちだった人々の心が少しでも前向きになったとすれば、それは私がもっとも望んでいたことです。

映画『男はつらいよ』は、好きな女性にふられる寅さんをそっと見守る故郷の家族や、人と人との温かい交流、現代人が忘れかけた優しさなど、観る者にひとときの安らぎと希望を与えてくれる作品です。そんな作品との縁で、私たちは素晴らしい贈り物をいただきました。

「寅さん等身大パネル」は、湯平温泉の復興を応援する救世主でした。この素晴らしい贈り物は、多くの人たちの「善意の輪」がつながることで実現しました。

アイデアを出して松竹の連絡先を調べてくれたお客様、メールを読んで実際に動いてくれた松竹の方、パネルを用意してくれた方、監督、出演者に連絡をとり、パネルを持って出向いてくれた方、そこにサインしてくれた山田監督、沢田さん、田中さん。そのパネルを梱包し送ってくれた方。関わってくださったすべての皆様に心から感謝しています。

「人」とのつながりこそが大切だった

それまで当館の基本的な接客スタンスは「つかず離れず」でした。

庶民的でフレンドリーが売りですが、一般に旅館のお客様は「プライベート」を楽しみに訪れているので、私たちスタッフも積極的な関わりは控えて、お客様が何か困っているときにだけ声をかけるように心がけていました。ですが、「お昼の営業」を行うようになって、お客様との接点が貴重な情報源であることを知りました。

茶道の世界に「一期一会」という言葉がありますが、私たちがお客様と接する時間はまさに「一生に一度」の出会いです。そのかぎられた出会いに、アニメの言葉ではありませんが、「全集中」で応じ、そこにヒントがあれば、貴重な情報として最大限に活かす努力をしなければならないと思うのです。

努力もせずに、ただ毎日を悲観するだけでは何も生まれないし、コロナが収束したあとも、何年かつらい思いをしたというだけで学ぶものは何もなかったことになります。「ピンチをチャンスに」とはよくいわれますが、「転んでもただでは起きない」という気概も必要だと思います。

「人を動かす」のは、やはり「人」でした。湯平温泉を応援してくれた「サイン入りの寅さん等身大パネル」は、コロナ禍で得た大きな「宝」でした。このあとに続く第二、第三の「宝」も、「人」とのつながりが大きな力となって実を結ぶことになりました。

#2 「秘伝の味」を商品化する

お客様を待つのではなく物を売ろう

山城屋では、コロナ禍で、これまでの宿泊業に加えて「日帰り温泉」と「ランチ」を始めましたが、「人流の抑制」が声高に叫ばれるなか、旅館への集客は依然として厳しく、売上げはなかなか元に戻りませんでした。

コロナ禍が始まってまだ半年。私たちは、さらなる一手を打つ必要に迫られました。「待っている」営業ではなく、こちらから何か仕掛けられるものはないだろうか？　そう考えたときにふと頭に浮かんだのは、「人が動かなければ物を売ろう」という新たな営業スタイルでした。

とはいえ、山城屋に関連する商品といっても、これというものが思いつきません。さて、何を売るか——。

おそらく、今回のような不測の事態でも起きなければ、このような試みは考えもしなかったことでしょう。コロナ禍だからこそ与えられたチャンスとしてとらえ、私たちは新たな取組みに挑戦することにしました。

そこで見つけたものが、第二の宝となる「大女将《おおおかみ》秘伝の味噌」でした。

どこの旅館でも「自慢の料理」というものがあると思います。常連のお客様から、「あの味が忘れられない」「またあの味を食べたい」と言っていただける料理です。当館にとっての自慢の料理は「茄子《なす》の味噌田楽《でんがく》」でした。

素揚げした茄子に、当館の大女将（私の妻の母親）が五〇年来つくり続けた秘伝の甘味噌をかけたもので、これまで国内外を問わず多くのお客様に喜んで召し上がっていただきました。この「秘伝の味噌」こそが当館の「強み」であり、これを商品化できないかと考えたのです。

旅館の味を「商品化」するには、「レシピの作成」→「工場の選定」→「デザインの作成」→「販売経路の確保」など、さまざまなプロセスが必要となりますが、食品にかぎらず、これから「商品化」を検討される方は当館の例を参考にしてください。

「秘伝の味噌」といっても材料はシンプルで、地元産の白味噌に砂糖、みりん、酒を加えて火にかけ、じっくりと煮詰めることで完成します。

でき上がった味噌は甘さ加減が絶妙で、茄子だけでなく、あらゆる天ぷら料理に合いますし、湯平温泉の朝の定番ともいえるピーナッツ豆腐にかけると、もはやスイーツといえるほどの美味しさです。

つくり方はいたってシンプルですが、これを大女将以外の人間が同じようにつくれるかというと必ずしもそうではないのです。

旅館の料理は、その日のお客様の人数に応じてつくる量を考え、時間も逆算して用意します。小人数は小人数なりの、大人数は大人数なりの材料や調味料の配分が求められますが、小規模旅館である当館では、この調整はおもに大女将の仕事です。

大女将の長年にわたって培われた「勘」がすべてなので、いちいち計量カップで量るようなことはしません。この製造方法をレシピ化しようとすれば、大女将の調理工程に沿って再度計量し直し、正確に記録する必要がありました。

製造してくれる工場を探す

苦労の末、大女将の調理方法を忠実に記録したレシピは完成しましたが、次は、このレシピにもとづいて製造を請け負ってくれる工場を探さなければなりません。

ツテのなかった私たちは、地元の商工会に相談することにしました。商品の企画から製造・販売まで行うことは初めての試みだったため、まずは商工会で専門の食品卸会社を紹介してもらいました。

その後、食品卸会社の方と打合わせをしていくなかで、販売する商品が「田楽みそ」だけでは物足りないことに気づき、もう2種類の味噌をバリエーションとして追加することにしました。「からし酢みそ」と「にんにくみそ」です（商品名は平仮名で「みそ」としました）。いずれも、当館の料理では田楽みそに次いで使われてきたものであり、お客様の人気の高かったものです。

からし酢みそは、おもにタコやイカなどの海鮮類と相性がよく、白身魚などにも添えられますし、にんにくみそは、豚肉や牛肉などの肉類のタレとして重宝しますが、キュウリなどの野菜類にそのままつけても美味しいものです。

この二つの味噌のレシピも大女将の調合に基づいて作成しましたが、問題はレシピどおりに製造してくれる工場を探すことでした。

食品卸会社は、これまでにも数多くの新商品の企画に携わっていたので、私たちの販売規模に見合った県内の醤油工場を紹介してくれました。やがて製造工場も決まり、およそ2か月後に最初の試作品ができ上がりました。

試作品の味噌はいずれも美味しい出来栄えでしたが、「大女将秘伝の味噌」を忠実に再現することが重要課題であったため、肝心の大女将が納得する味でなければいけません。大女将に味見してもらったところ、やはり微妙に違っていたのです。

レシピどおりに製造したのにどこかが違う。

考えてみれば、旅館の厨房（台所）で使う鍋と工場で大量につくる大鍋では火加減も異なるでしょうし、攪拌《かくはん》するのも人間の手作業と機械とでは最終的な味に微妙なズレが生じてしまうようです。大女将が納得できないものを「秘伝の味」として世に出すわけにはいかず、工場には申し訳ないと思いましたが、試作品のつくり直しをお願いしました。

その後も何度かつくり直したのでコストはかかりましたが、ほぼ製造実費のみで対応してくれたことは大いに助かりました。

やがて、３種類の味噌すべてにおいて、大女将が納得できる味として完成したときはすでに半年が経過していました。

販売のためのＥＣサイトを立ち上げる

完成した商品を販売するために、当初は国内市場を想定して、まずは「自社ＥＣサイト」を立ち上げました。

インターネット上で商品販売を行うネットショップには、大きく分けて、自社でＥＣサイトを開設する「自社ＥＣサイト」と、楽天市場やアマゾンなどの、オンライン上のショッピングモールに出店する「ＥＣモール」の２種類があります。運営会社によっても異なりますが、「自社ECサイト」は一般的に初期費用を抑えられることと、他社との価格競争が発生しないため、初心者は比較的取り組みやすいといえます。

私は自社ECサイトを立ち上げたあと、旅館山城屋の公式ホームページにリンクして紹介し、フェイスブックやインスタグラムなどのSNSとも連携しました。それぞれのSNSに商品に関する投稿をしたあと、その投稿した写真に「タグ付け」という方法で自社ECサイトへ誘導する仕組みです。SNS自体は無料で作成できますから、この方法はお金のかからない広告宣伝としてとても有効です。

当館のフェイスブックページは二〇一一年から開設していますが、日本国内だけでなく海外の方にも多く見てもらっています。投稿するときには日本語と英語を表記するよう心がけているため、外国の方から「いいね！」やコメントをもらうことも多くあります。

このSNSを通じて「大女将秘伝の味噌」のPRを始めて2か月ほどした頃に、突然、海外から写真付きのメッセージが届きました。

英語で次のように書かれていました。

「私は以前にあなたの旅館に泊まったことがあります。あなたの旅館は九州で一番好きな場所です。去年はコロナ禍のため日本には行けませんでした。あなたの旅館がとても恋しいので、タイから味噌を注文しました。本当に美味しかった。」

メッセージの送り主は、以前ご宿泊いただいたタイのお客様だったのです。大変嬉しく感じたのですが、ちょっと不思議な印象を受けました。

というのも、この時点で「大女将秘伝の味噌」は、まだ海外販売をしていなかったからです。海外で販売していないものをなぜタイのお客様が手にしているのか？

「どこで手に入れたのですか？」と尋ねてみると、「私はこの味噌がどうしてもほしくて、日本に住んでいる友人に船便で送ってもらいました」という回答でした。

私はSNSの効果を今さらながら実感するとともに、かつて、私たちの旅館は外国人客が8割を占めていたことを思い出しました。

そのとき、コロナ禍でなかなか海外旅行ができない今だからこそ、この「大女将秘伝の味噌」を海外へ届ける必要があるのではないかと気がついたのです。

これまで日本の味噌を調味料として使ったことのない海外の方へ届けることで「旅館山城屋」を新たに知っていただく。また、かつてお越しいただいた方にはこの味で「旅館山城屋」を思い出して、コロナが収束した際に再びお出でいただく。

そんな期待が一気に湧き起こって、「大女将秘伝の味噌」を海外へ届けたいという気持ちが日増しに強くなっていきました。

「秘伝の味」を海外に届けよう！

とはいえ、国内販売を始めたばかり。海外への販売は未知の世界で、課題は山ほどありました。ざっと考えただけでも次のとおりです。

1. 海外輸出に伴う検査・証明書の作成および手続き諸費用の捻出
2. 海外バイヤーへ向けてのプロモーション活動（動画制作・翻訳など）
3. 海外向け商品のリサーチや新パッケージの製作
4. 知的財産権などの保護

すべてお金のかかることであり、そもそも国内販売でさえまだ軌道に乗っていない段階では無謀な挑戦です。しかし、コロナ禍収束後を考えれば、今のうちから種を蒔いておくべきで、それは一日も早いに越したことはない。そうしたなかで、私は偶然ある耳寄りな情報を入手しました。

それは「越境クラウドファンディング」というものでした。

クラウドファンディングは、ご承知のとおり、「群衆（クラウド）」と「資金調達（ファンディング）」を組み合わせた用語で、「インターネットを介して不特定多数の人々から少額ずつ資金を調達する手法」です（「ふるさと納税」と似ていますね）。

クラウドファンディングは、昨今、金融機関からの借入れとは異なる新しい資金調達の方法として広く知られるようになりましたが、私がそのとき初めて知ったのは越境クラウドファンディング、おもに海外から資金を調達する方法でした。

「リワード」と呼ばれる返礼品を海外へ送ることになるので、まだ知られていない商品そのものを海外に届けることができます。

クラウドファンディングの運営会社に相談した際に印象的な言葉を聞きました。

「クラウドファンディング（購入型）は、支援者に対してリワード（返礼品）を送るため短期的な販売活動と思われますが、これをたんなる販売ととらえるのは間違いです。この期間に、どの国の人が、どのようなモノやサービスに、どれだけ関心をもったかを知るためのマーケティングリサーチなのです」

私は「これだ！」と思い、早速プロジェクトに取り組むことにしました。

費用は、実質的に成果報酬型で、初期費用がいっさいかからないことも決め手となりました。

クラウドファンディングに挑戦

「越境」どころか、国内のクラウドファンディングでさえ未経験でしたが、あらかじめ用意された入力フォームに沿って必要事項を入力する作業はさほど難しくはありませんでした。大事なことは、「なぜこのクラウドファンディングに挑戦するのか?・」という挑戦者自身の「熱い思い」を、いかに簡潔かつわかりやすく表現するかでした。

支援の募集は多言語で行い、世界中どこからでも参加できる仕組みになっています。

私は、「リワード（返礼品）の種類はできるだけ多いほうがよい」というアドバイスを受けて、主力商品「大女将秘伝の味噌」各種に加え、「旅館 山城屋3年間有効宿泊券」や調理方法を紹介する「動画のライブ配信」など10種類のリワードを用意しました。

なかには、「旅館 山城屋一棟丸ごと貸切券」という半分冗談のようなリワードも用意し、果たしてどこの国の方がどのリワードに興味を示してくれるのか楽しみに待ちました。

資金調達の目標金額を30万円とし、募集期間2か月で開始した私たちのクラウドファンディングは、募集開始後、なんと18日目で早々と目標金額を達成してしまいました!

目標達成後も期間中続々とご支援をいただき、その支援は国内だけではなく海外からも数多く、最終的に達成額は73万4000円（対目標244%）で、128人から支援を受けることができました。国別では11か国からの支援でした。

日本発のクラウドファンディングなので、当然、日本国内からの支援者がもっとも多く38件でしたが、二番目に多かったのは意外なことにアメリカからの35件でした。

また、コロナ禍にもかかわらず、「旅館 山城屋3年間有効宿泊券」を求める方が遠くフランスやアメリカからも現れたことに大変驚くとともに、提供する私たちでさえためらった「旅館 山城屋一棟丸ごと貸切券」も完売してしまったのです！

「コロナが落ち着いたら、あなたの旅館へ必ず伺います」

「一緒にコロナを乗り越えよう。頑張れ！（加油！）」

そんなメッセージを数多くいただいて涙が出るほど嬉しく思い、家族ともども大いに勇気づけられました。

何ごとも一歩踏み出すまでは何が起こるかわからないものですが、クラウドファンディングに初めて挑戦して本当によかった。おかげで、私たちがつくる「大女将秘伝の味噌」は、世界中に一定数の需要があることが証明されました。

クラウドファンディングが終了した頃、世界中の支援者に向けてリワード（返礼品）の発送作業を行いましたが、そのほとんどが国際郵便で、ＥＭＳ（国際スピード郵便）や国際ｅパケットといった小形包装物でしたが、国際郵便そのものも、コロナ禍という特殊事情と重なって、国によっては取扱いが一部制限されていることを知り、本格的な展開を計画するうえで大変勉強となりました。

「やってみなければわからない」「まずは一歩踏み出すこと」

これまでにも経験してきたことではありますが、クラウドファンディングにおいても、

■「大女将秘伝の味噌」を海外に販売

半年をかけて「秘伝の味」を商品化（中央が大女将）

クラウドファンディングで資金を調達する

その重要性をあらためて思い知らされました。

偶然は準備のないものには微笑まない

これまで「やるかやらないか、やるならとことん」の精神で取り組んできたインバウンド事業と同様、この「大女将秘伝の味噌」の販売も、まずは「とことんやってみよう」と思っています。

私の好きな名言に「偶然は準備のないものには微笑まない」というものがあります。細菌学者パスツール（一八二二年〜一八九五年）の言葉です。

ある日突然、狂犬に噛まれた少年が担ぎ込まれたとき、パスツールは狂犬病の原因がウイルスであることをあらかじめ突き止めてワクチンをつくっていたため、この少年にワクチンを接種して回復させることができたといいます。名言はこれに由来していますが、一見、偶然に見えることも、日頃から精一杯の準備を行っているからこそ起こるものといえます。

日本の地方にある小さな旅館がつくり続けてきた「秘伝の味噌」ですが、その対象が世界となった場合、いつどこでブレイクするかもわからないと信じています。私たちは、その日のために今、地道に準備を続けています。

#3 「埋もれた地域資源」を磨き直す

裏山で偶然見つけた宝物

「大女将秘伝の味噌」のクラウドファンディングより少し前のことになりますが、二〇二〇年四月一六日、日本政府は「緊急事態宣言」の対象地域を全国に拡大しました。

山城屋では、宿泊客が減少するなか、二月から始めた「立ち寄り湯」と「ランチ」がお客様に徐々に定着しつつあったのですが、やはり全国的な感染拡大を懸念し、熟慮の結果、四月から五月までの2か月間を一時休業とすることにしました。

わが家では休業して空いた時間をどうするかが当面の課題となりましたが、家で一日ゴロゴロしていても仕方ありません。私と家内は、まず運動不足解消のために毎朝近所をウォーキングすることにしました。さらに、せっかくなら平坦地ではなく、県道を隔てた裏山にある通称「菊畑《きくばたけ》公園」の頂上まで歩いてみようということになりました。

菊畑公園は、温泉街を見下ろす山の高台にある広さ1ヘクタールほどの一帯です。かつて野菊が一面に咲いていたためこの名称がついたといわれていますが、今は伸び放題に生い茂った木々と、地元で行われる年2回の草刈りでも追いつかないほどの雑草に覆われ、「公園」のイメージとはほど遠いくらい荒れ果てた「ただの裏山」です。

しかしながら、山の頂上には、その昔大学ラグビーの合宿用に整備されたグラウンドが残されており、今も地域の高齢者によるグラウンド・ゴルフなどのレクリエーションの場として、ときおり利用されています。

私と家内は、毎朝この山を歩いて登り、頂上のグラウンドを2～3周して降りることを日課としました。そして、歩き始めて3日目の朝、私たちは大きな発見をしたのです。

いつものように裏山を登り始めて頂上近くにたどりついた頃、一緒に歩いていた家内が突然、「あそこに何かあるよ」と言いました。

そこは大きな桜の木とともに、一帯が人間の背丈ほどの雑草で覆われた小山のような場所でしたが、家内が指さす方向に目を凝らすと、人の背中のような形をしたものが見えました。何かに導かれるような気持ちで、足場の悪い傾斜地に注意しながら少しずつ雑草を分け入ってみると、そこに人間ほどの大きさの仏像が現れたのです。

石でつくられた仏像は、大きな岩の上に鎮座していました。台座の岩肌は苔で深く覆われていましたが、何やら文字が彫られているようなので、小石を拾って削ってみると次のように書かれていました。

「弘法大師尊　昭和三年八月奉納　発起人 秋吉シズ」

その石仏は「弘法大師」（空海）の像だったのです。

仏像は、右手に五鈷杵《ごこしょ》という仏具、左手に百八顆《か》の数珠を持った弘法大師の典型的な姿で、そのお顔はとても穏やかに見えました。

この場所のすぐ先にはグラウンドがあり、私自身も何度か訪れたことがあったのですが、仏像の存在にはまったく気づいていませんでした。その後、近所の高齢者に尋ねてみても、「はて、そんなものがあったかな？」という具合で地元の人たちにもほとんど知られていなかったのです。

昭和三年に、何がきっかけでこの場所にこの像が建立されたのかはわかりません。勝手な推測ですが、一〇〇年近く前にも、今回のような疫病による災いがあり、その疫病退散を祈願して建てたのではないでしょうか。そう考えると、令和時代のコロナ禍の最中に見つけたことが何か因縁めいたもののように思えてきました。

「見つけてしまった以上、何とかしなければならない」

そんな思いに駆られ、その日を境に、私たち夫婦はこの弘法大師の石仏周辺を建立当時の姿に戻すべく、自分たちにできる範囲で少しずつ整備することにしました。

「弘法大師」への参道づくり

菊畑公園と呼ばれるこの山一帯には、もともと多くの石仏があることで知られていました。それらは「八十八ヶ所佛」と呼ばれ、山の斜面に沿ってさまざまな種類の仏像が立ち並び、一種独特の雰囲気を醸し出しています。

お寺の境内など特定の場所で、ある程度まとまった数の仏像を目にすることはありますが、このようなまったくの自然に囲まれた山中に数多くの仏像が点在する風景はきわめて稀です。そして、私たちが発見した弘法大師の像は、それらの石仏群の頂点に位置するように建立されていたのです。

かつては大勢の参拝者が訪れていたことが容易に想像できたため、当時のように人々が訪れやすい場所にしようと「参道」をつくることにしました。まずは、足場の悪い急斜面を高齢者でも歩いて上がれるように階段づくりから始めました。山の階段といえば丸太でつくられたものを見たことがありましたが、まさか自分でつくることになるとは夢にも思っていませんでした。

あらためて自力でつくろうとすると、どういう手順でつくればよいかすぐには思い浮かびませんでしたが、今は便利なもので、ユーチューブを検索してみると製作方法の動画がたくさん出てきます。ご近所の方の協力も得て、丸太の階段はわずか半日でできてしまい

■裏山の菊畑公園を再生する

雑草に埋もれていた弘法大師像

弘法大師像への階段をつくる

動画「湯平菊畑公園再生プロジェクト」

ました。

裏山で見つけた弘法大師のことは、地元の新聞でも大きく取り上げられました。コロナ禍での出来事という話題性もありましたが、長い間に埋もれていた「地域の宝」として大いに注目されたのです。

その1週間ほどのちに、高齢の女性を中心とする5人組のお客様が当館を訪れてくれました。聞けば、大分県の南部に位置する佐伯市蒲江《かまえ》からお越しで、「先日の新聞を拝見して来ました」とのこと。自分たちの地域にも仏像がたくさんあり、ときおりボランティアで「おとちょ」と呼ばれる赤い前掛けを掛けているそうです。

新聞で、ここにもたくさんの仏像があると知り、ぜひ自分たちがつくったおとちょを掛けさせてほしいとのことでした。私は心から感謝するとともに、今まで地元の人たちさえ知らなかった場所へ遠方よりはるばるお越しいただいたことに、この土地に今後の大きな可能性を感じました。

「夢物語」に40人のボランティアが集結

こうして、弘法大師の参道づくりと八十八ヶ所佛の周辺整備を行うことが日課となった私たちですが、少しずつ手を加えていくうちに、四季折々の花が見られる「花公園」のようなものができたらどんなにいいだろうと考えるようになりました。

しかしながら、花公園をつくるのは簡単ではありません。まずは人間の背丈ほどある雑草を刈り取って土を耕すところから始めなくてはならないからです。

「荒れ果てた裏山に花公園をつくりたい」という夢物語をいろいろなところで話していると、ある日、知り合いを通じて「ぜひ手伝わせてほしい」という声が届きました。

それはＴＯＶＳという県内のボランティア団体で、災害復旧などの際にいち早く駆けつけて地域のために奉仕活動を行っている方々でした。

私たちの湯平温泉も、その年の七月に豪雨災害に見舞われましたが、河川周辺の復旧作業をほぼ終え、この町の「将来の活性化につながるお手伝いとして協力させていただけないか」というお申し出でした。

私は大変嬉しく思い、すぐに整備する場所の選定をし、土地の所有者の承諾を得て、休耕田となっていた土地を、その方々にお任せすることにしました。作業当日には、予想を上回る40人のボランティアが集結し、草刈り作業と道路の清掃をわずか半日で終えることができました。

何もしなければ何も変わりませんが、小さなことでも行動を起こせば、必ず誰かが見ていて助けてくれる。そのような思いを強くしました。「人」とのつながりが大きな力をもちうるものだと実感しています。

完成まで何年かかるかわかりませんが、荒れ果てた裏山はかつて「菊畑公園」として親しまれた「地域の憩いの場所」へと少しずつ戻り始めました。

「ないものを嘆くな、あるものを活かせ」

国の「緊急事態宣言」が明けた頃、私たちは「ランチ」と「立ち寄り湯」を再開しました。少しずつ訪れ始めたお客様に必ず紹介するのは、この弘法大師のことです。

意外なことに、お話をすると大概の方が「行ってみたい！」とおっしゃるのです。それも老若男女を問わず。裏山の弘法大師までの「ツアーガイド」がコロナ禍での私の新たな仕事となりました。

あるとき、珍しく外国人のお客様が1人でいらっしゃいました。「コロナ禍の最中になぜ？」と思いましたが、聞けば日本に駐留している米軍基地に勤めるアメリカ人でした。休暇があれば日本全国をあちこち旅行しているそうで、とくに神社仏閣に大変興味があり、弘法大師の生誕の地である四国の善通寺《ぜんつうじ》にもお参りしたことがあるとのことでした。そこで、家内が裏山の弘法大師の話をしたところ、「ぜひ、行きたい」とのこと。

お大師さまの前で静かに手を合わせたあと、彼が内ポケットから取り出したものは、線香でした。「火はありますか?」と尋ねられましたが、あいにく手元になかったので、そう伝えたところ、「置いていきますので、いつか焚いてください」と手渡されました。

あとで家内に聞いたのですが、その人は戦闘機のパイロットでした。日常的に「死と隣り合わせ」ともいえる仕事をするなかで、仏様に手を合わせたくなる心境を私はなんとなく理解できた気がしました。

国籍や宗教は異なるけれども、誰もが訪れたくなるような「パワースポット」ともいうべき神聖な場所が意外と身近にあったことは、私たちにとって大きな発見でした。

一般的に観光地と呼ばれるところは、つねに「目新しさ」や「変化」が求められているようにいわれます。観光地としてとくに見るべきものがなく、いつ行っても同じ風景であれば「飽きられる」と考えがちです。

もちろん、「進化」は必要です。しかし、その進化は、決して「目新しさ」や「豪華さ」ではないと私は考えます。

もともとその地域にあったもの、長い年月でいつしか忘れ去られたものなど、「埋もれた資源」を磨き直して、時代に合わせた進化を図ることが重要であり、観光地としても一施設としても、まずは取り組むべきことではないでしょうか。

先に紹介した「大女将秘伝の味噌」も、私たちの旅館にもともとあったものです。

「ないものを嘆くな、あるものを活かせ」とは、経営の神様として有名な松下幸之助氏の言葉ですが、観光に関しても同じことがいえると思います。

一見、観光地とは思われず、住んでいる人たちでさえも「ここは何もないところです」と言う地域も、よくよく探してみれば「埋もれた地域資源」が眠っているのではないでしょうか。

今回のコロナ禍では、大変な苦境に追い込まれるなかで、私は大きな「宝物」を見つけることができました。三つの「宝物」は、いずれも「人」とのつながりが大きな力をもつことを気づかせてくれ、その後のインバウンド復活期における「リピーター」の重要性をあらためて認識するきっかけにもなったのです。

第2章

地域ぐるみでインバウンドに取り組む

#1 リピーターづくりが最大のテーマ

なぜ、コロナ後に「連日満室」を実現できたか

第1章では、3年間に及ぶコロナ禍の期間に、私が取り組んできたことを紹介しました。旅館の体験動画の制作、「寅さん」の応援メッセージ、「大女将秘伝の味噌」の販売、裏山の再生プロジェクトなど、多くの人たちとのつながりが、コロナ禍による未曽有の窮地を救ってくれました。

これらの取組みに共通しているのは、「もともとあるものを活かそう」という発想です。コロナ禍の前に、少子高齢化で国内市場がどんどん縮小し、宿泊客が減少するなか、山城屋が、新たな設備投資を行わずに「古い木造旅館」を海外市場へ向けて売り出そうと、今から20年ほど前にインバウンドに大きく舵を切ったのも、この「もともとあるものを活かそう」という発想にほかなりませんでした。

もちろん、インバウンドに舵を切ったといっても顧客対象を海外へ広げただけで、それまで同様に国内客を受け入れていくことに変わりはありませんでした。誤解のないように

お伝えしますが、私はこれまで、「当館は外国人客専用宿です」と言ったことは一度もありませんし、それはこれからも同じです。

しかしながら、こうした新たな取組みを始める場合、何ごとも中途半端は一番よくないと思っています。7年前にまとめた『山奥の小さな旅館が連日外国人客で満室になる理由』にも書きましたが、中途半端に受け入れること自体がお客様に対して失礼であり、それはマイナスにこそなれ、決してプラスにならないからです。

何ごともとことん取り組んでこそ相手に誠意が伝わるものであり、その結果は如実に現れます。この経験から、「やるかやらないか、やるならとことん」という考えが私の行動指針となりました。

20年前、インバウンドに本格的に取り組む前に、当館の女将である妻に、「これから将来的に1日のお客様が全員外国人という日が来るかもしれないけど、それでもいいかな?」と尋ねたことがあります。家内の答えは意外なことに「いいんじゃない」でした。このことが山城屋の大きな転機となりました。

この時点で、私と女将が「とことんやる」ことを決心したからこそ、コロナ禍を経た現在、再び「連日満室」が実現できています。

もしこのときに家内が難色を示していたら、「とりあえず部屋数を限定して」とか「とりあえず数ある海外予約サイトのなかから1社とだけ契約して」という消極的な取組みとなり、結果的に急速に拡大するインバウンドの波に乗り遅れただけでなく、貴重な学習機会も失い、いまだに経験値が乏しいままだったことでしょう。

マーケティングの世界に「先行者利益」という言葉があります。「誰よりも先にその市場に参入することで、市場全体の利益を独占、またはより多くの利益を獲得すること」と定義されていますが、インバウンドへの参入事業者が少なかった頃にいち早く取り組んだことは、結果的に大正解でした。

リピーターが新しいお客様を連れてきてくれる

コロナ禍の期間に、政府が「全国旅行支援」という、全国を対象とした旅行代金の割引と地域クーポンを付与する観光需要喚起策を実施しました。期間中は多くの国内旅行客に利用され、コロナで打撃を受けた大半の宿泊事業者がその恩恵に浴しました。

予算の関係上、各都道府県によって利用期間は異なり、私の住む大分県では、個人旅行の対象期間が二〇二三年七月二〇日（七月二一日チェックアウトまで）でいったん終了しました。割引が終了すると同時に国内客は一気に減少に転じました。

しかしながら、当館はその後、減少した国内客に代わってインバウンドのお客様で連日満室になっています。二〇二二年の一〇月一一日に政府がコロナの水際対策を大幅に緩和した、いわゆるインバウンド解禁と同時に、一気に海外からの予約が殺到し、あっという間に3か月先まで客室が埋まってしまったのです。その勢いは1年以上経った今もほぼ変わっていません。

全国旅行支援実施中は国内客に限定し、終了後にインバウンド向けの海外OTA（オンライン旅行代理店）による受付を再開した旅館からは、「なかなか思うように予約が入らない」という声を聞きます。

それぞれの宿によって事情や方針は異なるでしょうが、やはり、常日頃から国内外を問わずにお客様を受け入れる態勢が求められているように思います。

コロナが落ち着いて、当館は連日多くの外国人客においでいただき、1年足らずの間に2回いらした香港のリピーターさんもいます。コロナ前からの常連さんですが、ほかにも「コロナを経て4年ぶりに来ました」「今回で5回目です」といった方もいます。そうしたリピーターさんに多く見られる特徴は、最初はカップルで、次はご両親と、そして次は会社の同僚と……といった具合で、ご一緒する人がそのつど違うことです。

つい先日、12名でいらしたお客様のうちの1人は3回目の利用でした。「自分が体験した日本の旅館を、多くの家族・友人に体験してほしい」と思っていただけたとすれば、これほど嬉しいことはありません。

これは外国人客にかぎったことではありません。ほとんど宿泊客がいなかったコロナ期間中に、当館を応援するように宿泊してくださった国内客の多くは常連さんたちでした。そう考えると、浮き沈みの多いこの業界で長く経営を続けていくためには、「リピーターづくり」がもっとも重要だと感じます。

私は、県の観光戦略に対してチェックや提言をするツーリズム戦略推進会議に委員として出席していますが、一般的な観光施策においては、どうしても「誘客促進」を優先的に考えがちです。デジタル・マーケティングやプロモーション、ファムトリップ（モニターツアー）やインフルエンサーの活用などです。

もちろん新規顧客の開拓は、どの業種においても営業努力として必須ですが、既存のお客様を固定化（安定化）する努力も怠ってはいけないと考えています。

さらにいえば、固定化したお客様（＝リピーター）を次々と増やすことによって、前述の12名のお客様のように、「リピーターを核とした新たな顧客の獲得」にもつながります。リピーターという固定客のリアルな口コミを通じて、新たな顧客をお客様自身から紹介していただけるのです。

では、どのようにして「リピーター」をつくればよいのでしょうか。

「インバウンド推進協議会」の設立

当館には20年来、毎年欠かさずお越しくださる常連のお客様がいます。なかには、1年分の予約を押さえ、毎月宿泊する方もいます。私はこのような常連のお客様たちに、「なぜ何度もいらしていただけるのですか?」と率直に尋ねてみました。

一般的な旅館の魅力は、「お料理」「お風呂」「寝具」「自然景観」「接客」「館内の設え」などであり、実際にこれらに関するお答えもいくつかありましたが、もっとも多く聞かれた答えは、「ここが一番落ち着くから」でした。

なぜ、ここが一番落ち着くのか、その答えは「安心感」ではないかと思います。

滞在中、お客様にいかに安心していただけるか、さらに滞在前、つまり当館に到着するまでの「安心感」をどのように提供できるのかが大切です。

これらは「旅館」という施設単位の話だけではなく、「観光地」単位においても同様だと思います。もっといえば、交通機関なども含めた市・県・国の「地域」単位の話でもあります。

つまり、安心感を感じられる「受入れ環境の整備」が重要です。「いらっしゃい、いらっしゃい」と声高に誘客宣伝を行った結果、一度は来てくれたものの、何らかの不安や不満を感じて「もう二度と行かない」となっては元も子もありません。

これから持続可能な観光をめざすなら、10年後も確実に来てくれるお客様を一人でも増やす努力が必要ではないでしょうか。

コロナ禍前の二〇一八年四月に、私は大分県内のインバウンドに関心のある個人・団体・企業とともに「インバウンド推進協議会ＯＩＴＡ」という民間団体を立ち上げました。

これは、インバウンドに関する各地域の課題を組織として共有し、より効果的な解決を図ること、あるいは、インバウンド推進に関する行政（国・地方自治体）の重要施策や各種セミナーなどの有益な情報を確実に県内の「必要とする人たち」に伝えていくことをおもな役割としたものです。

会員の職業はさまざまです。宿泊業や観光業のみならず、飲食業・建設業・ウェブ制作業・美容業・公務員・金融機関・タクシー会社・大学教員・ＤＭＯ（観光地域づくり法人）など。

意外に思われるかもしれませんが、私は当初から、観光業にかぎらない組織をめざしました。なぜなら、インバウンドに関する課題や情報を共有したい人たちは、観光業に携わる人たちだけではないからです。想定される課題は、バス・鉄道などの交通機関やインターネットなどの通信サービス、医療や災害時の対応など社会インフラ全般に及ぶからです。

私たちの協議会は、業種の垣根を超えた草の根レベルの横断的な民間組織として設立され、既存の組織（行政・商工会・観光協会など）の補完的役割を担っています。

二〇二三年七月には、「一般社団法人 インバウンド全国推進協議会」へと組織・名称変更を行い、「インバウンドに優しいおもてなし認定証」の普及活動を全国の事業者を対象に行っています（この認定証については、のちほどあらためてご紹介します）。

「受入れ環境の整備」を行うことで満足度を高め、一度訪れた観光客が再び訪れたくなることを目的としていますが、それは、観光地の人気ランキングで見かける「いつかは行ってみたい観光地」ではなく、「また行きたい観光地」をめざすことにほかなりません。

ここからは、私たちが取り組んでいる課題とその解決策について、詳しく紹介します。その課題は、外国人対応に関するものがほとんどですが、同時に日本人のお客様に対しても重要なことです。

「インバウンド全国推進協議会」公式サイト

#2 地域全体で課題解決に取り組む

「おもてなし」は空港に着いたときから

新型コロナウイルス禍という世界的な災難に見舞われた3年の間に、私は「旅館」という観光施設にとってもっとも大切なことは、「二度三度と来ていただけるリピーターづくり」であることを再認識しました。

10年後、20年後も来ていただけるお客様を確実に増やす努力が、持続可能な観光をめざすうえで、施設にとっても、観光地という地域単位においても最優先に取り組むべきことだと思い至ったのです。そのためには、国内外を問わず、二度三度と来ていただけるためのしっかりとした「受入れ態勢」が求められます。

先述したとおり、コロナ禍前の二〇一八年四月に、受入れ態勢の強化をおもな目的として、インバウンド推進協議会ＯＩＴＡを設立しましたが、その立上げには一つのきっかけがありました。それは当館を訪れるお客様の「不安」でした。

私の旅館があるのは、大分県の由布市湯布院町の湯平温泉です。先に述べたとおりです。

湯布院町といっても、全国的に有名な由布院温泉からは15キロメートルも離れた山里にあり、最寄りの駅は無人駅の「湯平駅」です。

20年ほど前までは、駅から温泉場まで路線バスが走っていましたが、過疎化が進むなかでそのバスもなくなり、駅前にタクシーが1台あるかないかといった状況になりました(現在はコロナ禍の影響で駅前に常駐するタクシーさえもなくなりました)。そのため、旅館関係者は、列車でやって来たお客様を日に何度も迎えに行く必要があります。

多くの観光客は、福岡の博多駅から由布院駅まで特急で来て、普通列車に乗り換えます。この列車は2両編成の車両で、車掌のいない運転士だけのワンマン列車。湯平駅では、車両ドアが先頭車両（1両目）しか開きません。改札のない無人駅では、下車する乗客の切符を運転士がドアの前に立って回収するからです。

ここで、ときどきちょっとした問題が起こります。1両目のドアしか開かないことを知らない乗客が、後ろの車両の「開かないドア」の前でじっと開くのを待っているのです。車内では事前に「前の車両の一番前のドアからお降りください」というアナウンスが多言語で放送されますが、「列車のドアは開くもの」という先入観からか、あまり乗客の耳には入っていないようです。

降りそこなった乗客は次の庄内駅で慌てて折り返すか、そこから泣きそうな声で私たちに電話をしてくることになります。このケースは外国人だけでなく日本人にも見られます。そのため、私が駅へ迎えに行った際は後ろの車両まで注意を払い、開かないドアの前に乗客が立っていた場合は、前方車両へ移動するようホームから手招きで案内をします（無人駅なので出迎えの人もホームに入れます）。

迎える私たちも大変ですが、なによりも降りそこねた乗客の方たちは気の毒です。皆さんは、初めて訪れた旅行先でこうした体験をしたときに、もう一度この地を訪れたいと思うでしょうか。答えは「ノー」でしょう。観光業に携わる者として、お客様が少しでも「不安」を感じる要素があったとしたら、それらの種は取り除かなくてはなりません。

以前、私は地元の大学生たちと観光について話し合ったことがありました。「おもてなし」というテーマでディスカッションするなかで、彼らの口から「おもてなしは空港に着いたときから始まっているのでは？」という声が聞かれました。

彼らの言うとおりです。私たちは、施設の中だけの「おもてなし」を考えがちですが、お客様にもう一度来ていただけるかどうかは、目的地に辿り着くまでの体験にも大きく左右されます。目的地までスムーズに安心して移動できれば、旅の移動時間そのものを楽しむことができるに違いありません。

そう考えると、これは列車にかぎったことではありません。バスやタクシーなどの公共交通機関すべてに関わりますし、街のサイン（案内板）や災害時の緊急対応など広範囲に及びます。到底一施設でどうこうできる問題ではありません。

自助努力だけでは対応できない

当初、私はこうした問題に対して、まずは自助努力でできるだけの対応に努めることにしました。地元の留学生とともに制作した「列車の乗り降り」のハウツー動画もその一つです。

中国人と韓国人の留学生が観光客役となって、由布院駅に到着したところから湯平駅まで列車で移動する様子を詳しく再現した動画をつくったのです。撮影は私が行い、字幕の翻訳は留学生たちにお願いしました。

この動画のＵＲＬを、あらかじめメールなどでお客様へ送り、事前に列車の乗り降りについて知ってもらおうという試みです。当館のホームページにも掲載していますので、誰でも見ることができます。ご覧になったお客様からは、「とてもわかりやすい」という感想もいただき、それなりに効果はあります。

しかしながら、列車で訪れるすべてのお客様に知らせることは困難なので、やはり、全車両のドアを開けてほしいというのが正直な気持ちです。このことは、前著『山奥の小さな旅館が連日外国人客で満室になる理由』にも書きましたが、残念なことに7年経った今も状況は変わっていません。

7年経っても変わらないということは、よほど技術的に難しい問題や社内的に対応困難な理由があるのでしょう。旅館業を営んでいる私たちとしては、この地域に列車が走っているだけでもありがたいので、あまり強く訴えることもできません。

バスなどの公共交通機関が次々と撤退するなか、この先、列車の運行そのものがなくなってしまうようなことがあれば、毎日、町の中心部である由布院まで、往復約40分の送迎を自前で行わなければならなくなります。それは現実的に不可能であり、私たちの営業そのものが成り立たなくなります。

しかし、だからといってこのまま黙って手をこまねいているわけにもいきません。見渡せば、県内の他の地域でも多かれ少なかれ同じような問題を抱えているようです。そこで、一朝一夕には解決できませんが、こうした課題を地域で共有し、少しでも解決の糸口を探ることを目的として、「インバウンド推進協議会ＯＩＴＡ（現・インバウンド全国推進協議会）」を立ち上げることにしたのです。

同じ課題や悩みをもつ人たちが集まった

もちろん、課題は列車にかぎらず、その他の公共交通機関や医療・社会インフラ全般に関わるものであり、なによりも最前線でお客様に接する私たち施設側の「受入れ態勢」が問われます。

協議会の設立時点では、同じような主旨を目的とした団体は少なくとも県内には存在していませんでした。私は「ないものはつくるしかない」という思いで設立に向けて動き出しました。これまで、「あるものを活かせ」という考えのお話をしましたが、今度はその対極ともいえる「ないものはつくれ」という発想です。

まずは、大分県内の各地域から7名の方に運営委員をお願いしました。運営委員の人選は、今後の会の在り方を決定するうえで重要なため、とりわけ慎重に行う必要がありました。私が普段から県のツーリズム戦略推進会議などで顔見知りになった方や、県内の留学生とのつながりで知り合った元教員の方、他の地域の観光協会事務局長でインバウンドに実績のある方など、「この人は」と思われる方に個別に会って依頼しました。

今から思えば、このような呼びかけによく応じていただけたものと感謝しますが、その後、その7名からさらに紹介をいただきながら次々と会員を募っていったところ、およそ120名の個人会員・企業会員に参画していただけたのです。

記念すべき第1回の設立総会は、協議会の特別会員でもある大分銀行宗麟館という店舗兼多目的ビルの大ホールで開催しました。私一人の思いが、同じ課題や悩みをもつ多くの方々の共感を得てご参画いただいたことを大変嬉しく思うとともに、このような団体への潜在的ニーズの大きさをあらためて実感しました。

私が協議会をつくろうと思った動機はほかにもあります。既存の「情報伝達」に問題を感じていたからです。

通常、国や県からの観光施策に関する情報はメールやファックスなどで、市や商工会・観光協会等を経て階層的に末端の施設まで届くようになっています。補助金の情報や各種セミナーの案内ですが、この上から下へ組織的に伝達されるなかで、どこかの部署が「必要ない」と判断すれば、そこから下には流れないのです。

情報が届かなかった人たちからは、「そういう補助金があるなら使いたかった」「そんないいセミナーがあるなら聴きたかった」という声が多くあがっていました。そこで、少なくともインバウンドに関する情報であれば、必要な人に必要な情報が確実に流れる仕組みが必要だと考えたのです。

私たちの協議会の取組みはおもに観光に関することですが、このような会の仕組みは観光にかぎらず、あらゆる産業や地域社会においても、「課題の共有」や「情報伝達」のあり方を見直すヒントになるものと思います。

■ 地域ぐるみでインバウンドに対応する

インバウンド推進協議会 OITA の設立総会の様子

ワークショップ形式でディスカッションを行う

インバウンド全国推進
協議会入会申込フォーム

インバウンド対応の課題は六つあった

私たちの協議会は2か月に一度の定例会を行い、そのときどきのテーマに沿った基調講演とワークショップ形式のディスカッションなどを行っています。

これまでの基調講演では、国別の訪日インバウンド観光の動向や、イスラムなどの異文化理解、効果的な情報発信や補助金情報など、その分野に詳しい方を講師に招き、最新情報の共有に努めています。また、ワークショップ形式のディスカッションでは、業種の垣根を超えて議論を行い、できるだけ多面的に問題点を掘り下げることに留意しました。

ディスカッションを重ねることで、インバウンドに関するさまざまな課題が浮き彫りになり、最終的に次の六つに集約されました。

①言葉の問題

接客や応対における言語能力やコミュニケーション力に不安を感じている。

観光名所の説明や看板などの表記に問題がある。

従業員がなかなか言語対応できずモチベーションが下がっている。

②意識の問題

関連業者や行政、あるいは一般住民の間でも温度差や意識の違いを感じている。

地域のお店などを紹介したときに対応してくれるかどうか不安である。

学生の関心が低い。

③インフラの問題

交通アクセス（タクシー・バス・列車）において、利用者目線での対応ができていない。

パンフレットや案内標識も不十分である。

Ｗｉ－Ｆｉスポットがまだまだ少ない。

④ニーズ・情報発信の問題

外国人から求められる商品やニーズが把握できていない。

情報発信の方法がわからない。

ベジタリアンやアレルギーへのニーズに対応できない。

⑤地域資源の活用

観光客の目的や興味が分析できていない。

地域資源が一覧できるような情報集約したものがない（テーマ別・四季別など）。

温泉以外の魅力あるリソースの発見・発掘ができていない（特産性が低い）。

⑥地域連携の問題

行政と民間との連携不足。

公共交通機関や自転車の活用不足。

県内を周遊するモデルコースの不足。

こうした課題が挙げられましたが、どれも短期間で容易に解決できるものではありません。しかし、同じ問題意識をもつ人たちがともに知恵を絞り、本気で取り組めば、時間はかかってもいつかは確実に前進できるに違いありません。

コロナ禍でインバウンド客が実質ゼロとなった3年間も、私たちは来るべき復活のときを見据えて話し合いを重ねました。あきらめずに取り組んだ結果、この課題解決のための事業は、二〇二二年度の県の委託事業という形で大きく前進することになったのです。

そして、この委託事業のおかげで、私たちはさらなる目標を掲げ、団体名も「一般社団法人インバウンド全国推進協議会」へと改組・改称し、その対象を全国へと広げることにしました。次章では、私たちの課題解決事業で取り組んだ「リピーターを生む仕組み」について、観光事業を盛り上げる四つのポイントに沿ってご説明します。

また次章以降、当協議会の会員のなかから四つの事例を要所に挟み込んで紹介していきます。アフターコロナの新インバウンド戦略として大いに参考としてください。

事例1

「スポーツ」と「アドベンチャー」で新たな客層を呼び込んだ

「負の遺産」を活用する

事例として最初に紹介するのは、大分県豊後大野市《ぶんごおおの》でビジネスホテル「ますの井」を経営している角田《すみだ》英之さんの活動です。

豊後大野市は、大分県南部に位置し、中心部の旧・三重町を除く市域の大半は丘陵と山林に囲まれ、隣県の宮崎県との県境には九州山地を形成する祖母山《そぼさん》や傾山《かたむきやま》があります。九州で唯一、自然環境の保全と地域の持続可能な発展の両立をめざす国際的な枠組みとして設けられた制度である「日本ジオパーク」と「ユネスコ・エコパーク」の両方に認定された自然豊かなところです。

角田さんは、ビジネスホテルの四代目として経営に携わるかたわら、「豊後大野ツーリズム推進協議会」の会長をはじめとするさまざまな要職を務め、この地域の活性化に大いに尽力しています。その一つは「スポーツツーリズム」です。

きっかけは、今から10年前、経営するホテルに最大の危機が訪れたことでした。当時、市内では2軒のホテルが営業していましたが、そこに突然大手ビジネスホテルチェーンが進出してきたのです。ホテルの利用客は、公共事業に伴う工事関係者がほとんどで、新規参入によって、宿泊者数が年間約3万人というかぎられた見込客の奪い合いが日を追うごとに激化しました。

「このままではともに将来が先細りとなってしまう」と判断した角田さんは、他の施設も含めて、新たな客層開拓を視野に入れた「地域の強み」を模索し始めました。

この地域が他の地域にはない「新たな客層」の受け皿になれないか、そう角田さんは考えました。そのためには、工事関係者だけではなく、これまでにない客層の開拓が必要です。そこで最初に取り組んだのが「スポーツ合宿」でした。

豊後大野市は、二〇〇五年に近隣の5町2村（三重町・清川村・緒方町・朝地町・大野町・千歳村・犬飼町）が合併してできた市で、それぞれの旧町村には独自の体育・文化施設が数多く点在していました。しかしながら、過疎化が進むなかでいずれも利用者が少なく、公共施設として維持していくうえでは「負の遺産」といわざるをえない状況でした。

「逆転の発想」はここからです。これらの、すでに「あるもの」を活かして新たな客層を獲得しようと考えたのです。

事例1

スポーツ合宿を誘致する

角田さんが考えた「新たな客層」とは大学生でした。ホテルをスポーツ合宿の宿泊施設として利用する大学生です。

地元の商工会青年部に所属していた角田さんは、仲間たちとともに「スポーツ誘致活動」を開始して、関西や福岡などの大都市の大学や、合宿旅行を取り扱う旅行社などを次々に訪問して徹底的なヒアリング活動を行いました。

練習するグラウンドや体育館など、スポーツ合宿をするうえで彼らが求めている理想的な合宿地はどのようなものか、彼らが長期的に合宿するためには何が必要か、などを調査したのです。そうしたなか、現状の合宿での課題や不満の声を聞きました。

まず、都市部周辺での練習施設は利用申請する団体が多く、利用料金も比較的高額なため、なかなか長期で借りることが難しいという状況がありました。とくにスポーツ強豪校には、集中して練習に励みたいという希望があり、同じ場所をできるだけ長く借りることを望んでいました。

また、学生たちが練習に集中するためには、付近に娯楽施設などの誘惑がない、人里離れた静かな場所が望ましいこともわかりました。それまでは和歌山や四国などで合宿を行っていたので、九州も合宿候補地となり得ることがわかったのです。

さらに、豊後大野市内のグラウンドや体育館は市営なので料金も安く、利用者がほとんどいなかったので、彼らにとってはまさにうってつけの練習場といえました。

その後、十分なヒアリングを行った結果、天理大学の野球部の誘致に成功。総勢150人が10日間、豊後大野市内の三つの野球場を使用して練習することになったのです。宿泊所は角田さんのホテルだけでなく、市内の他の宿泊施設にも「分泊」という形で学生たちを受け入れました。

この合宿を皮切りに、野球にとどまらず、サッカー、バスケットボール、バレーボール、バドミントン、テニス、剣道など次々と誘致が進みました。回を重ねるなか、合宿をする学校が練習試合を行う対戦校を、大分県内から探す段取りまで請け負うことになりました。すべての練習日程が終了したあとは、バーベキューや肝試し大会などのレクリエーションを企画したり、別府などの県内観光を案内したり、もてなしに努めました。

サウナブームを巻き起こす

スポーツ合宿による集客が順調に進んでいた二〇二〇年、新型コロナウイルス感染の流行は、この大躍進に水を差す形となりました。コロナ禍が収束すれば、再び学生たちは来てくれると確信してはいましたが、スポーツ合宿に変わる新たな集客のための仕掛けとなる「観光」が必要になりました。

そもそも、おもな産業が「農業」である豊後大野市は、「観光」で集客するという概念に乏しく、観光事業を行う業者そのものがあまりいませんでした。「観光客を増やすためには観光事業者を増やし、支えなくてはならない」と考えた角田さんは、観光協会に働きかけて新たな団体を立ち上げました。それが、「豊後大野ツーリズム推進協議会」です。

メンバーは、都会から移住してきた人たちを含め、豊後大野市の旧7町村で観光実績のある50代以下の比較的若い人たちで、彼らの発想と行動力に期待しました。そして、新しい観光の目玉となったのが、今や有名になった「アウトドアサウナ体験」です。移住者による発想でした。

大分県は「日本一のおんせん県」をキャッチフレーズにしていますが、豊後大野市には温泉がありませんでした。しかし、温泉はなくても、目の前に豊かな水量を誇る美しい川があることに着目し、「川岸につくったサウナに入ったあと、水風呂感覚で川に飛び込めばいいのではないか」と考え、川岸にサウナの施設をつくりました。

「温泉はなくてもサウナはできる」――温泉がないことを逆手にとったこの発想は見事に当たり、各種メディアに取り上げられ、その後は一大ブームといえるほど全国に知れ渡ることとなりました。当初の年間利用者は834人でしたが、その3年後には約1万人を集客するまでに成長したのです。

「アドベンチャーツーリズム」へ進化

豊後大野ツーリズム推進協議会の基本となる考えは次の三つです。

①観光人材をつなげてお互いに協力する
②観光のビジネス化
③観光事業者そのものを増やすこと

以前は、豊後大野市の観光といえば、旧緒方町にある日本の滝一〇〇選の原尻《はらじり》の滝がメインであり、周辺の神社仏閣を訪れる観光客もまばらな状況でした。九州で唯一、日本ジオパークとユネスコ・エコパークの両方に認定されたといっても、「山・川・滝」などの自然を見るだけの観光では直接的に観光業の採算につながらないという課題がありました。

そこで、ここでも「あるものを活かせ、ないものはつくれ」の発想で、サウナ以外にもさまざまな観光体験コンテンツをつくっていったのです。それまで、ただ見て楽しむだけだった原尻の滝も、滝壺にラフティングボートを浮かべて回遊する有料の体験型コンテン

■スポーツとアドベンチャーで地域の強みを活かす

スポーツ合宿で学生を呼び込む（右端が角田英之さん）

川岸にサウナ施設を設営

滝壺で楽しむラフティングボート

全天候型運動場が完成した

ツにすることで、「採算のとれる観光」に生まれ変わりました。

　それは、旧犬飼町のリバーパーク犬飼という河川公園で行われた東京オリンピックに向けた事前合宿で、カヌースラローム選手と関わるなか、日本代表コーチから「この地でウォーターアクティビティができないか」と相談を受けたことが始まりでした。

　その後、官民による「大野川流域活性化推進協議会」を立ち上げ、カヌーメンバーとともに試行錯誤するなかで、まずは、危険度が高く技術が必要な急流下りよりも、流れが穏やかで観光客が多い原尻の滝の滝壺のほうがインパクトがあり、観光体験に適していることに着目して「滝壺体験」が実現しました。

　さらに「もともとあるものを活かす」という発想で、新しい観光コンテンツとして、「水中鍾乳洞でのスキューバダイビング」も実現させました。

　市内の旧三重町にある稲積《いなづみ》水中鍾乳洞は、日本最大級の水中鍾乳洞として知られ、気温が一年中16度の洞内は夏の避暑地として親しまれてきました。協議会のメンバーは、ここにあらたな観光の目玉として、洞内の水中に潜って楽しむスキューバダイビングというウォーターアクティビティを導入したのです。

　あわせて、サウナも洞内で体験できるようにして、これまでの「見て歩く」だけの観光から、「アドベンチャーツーリズム」ともいえる観光に大きく進化させたのです。

地域振興の大きなうねりをつくる

角田さんが、コロナ禍前から取り組んできたスポーツ合宿も、コロナが収束したのち再び賑わいを取り戻しました。これまで以上に多くの学生たちを受け入れるうえで重要なことは、地域住民への配慮でした。

遠方から訪れた強豪校の学生たちは優秀なスポーツマンです。角田さんは、彼ら大学生と地元のスポーツクラブの子どもたちとの交流会や講演会を企画しました。また、合宿中のお昼の弁当も、地元のお弁当屋さんから調達し、できるだけ地元の食材を使うように工夫してもらいました。

このような一つのホテルの枠に収まらない活動が、地域振興の大きなうねりとして行政の目にとまりました。

市は、「スポーツ王国ぶんごおおの」というキャッチフレーズを掲げ、「スポーツ施設の整備に関する基本構想」を策定し、新たな運動施設の建設にまで発展したのです。それが、二〇二三年に完成した「全天候型運動場」（総事業費3億8000万円）です。雨天時にもフットサルや野球の内野守備練習などができる施設で、市が取り組むスポーツツーリズムの推進や市民の健康増進などに役立てることを目的として建設されました。

さらに二〇二四年には、新たに「多機能型武道場」の建設工事にも着手することになりました。この武道場は、武道競技に特化したものではなく、多様なスポーツに対応できる構造となっており、さまざまなスポーツイベントが開催できます。

観光面においても、豊後大野市は全国で初めて「サウナのまち」宣言を行い、市の商工観光課のなかに「サウナ推進室」を設けて、サウナに関する事業の拡充に向けて積極的に取り組んでいます。

民間で主導しながら行政の協力を仰ぐ

角田さんのこれまでの取組みを振り返ると、きっかけは自施設であるホテルの経営危機に遡りますが、最初に取り組んだのは「自施設よりも地域を売る」ことでした。

自施設のみが一人勝ちすることをめざすのではなく、地域全体としていかに「強み」をつけていくかを考えました。さらに、移住者など外部の人間も含め、やる気のある人材を確実につないで一緒に知恵を絞り、民間で主導しながら、地域住民の理解を得ることで行政の協力を仰ぐことに成功しました。

結果的に、地域全体が「スポーツとアドベンチャーツーリズム」という共通のテーマに向かって進むことができたのです。

そして、コロナ禍が明けてインバウンドが復活した今、お隣の韓国の高校野球部の生徒たちがスポーツ合宿として訪問してくれるまでに至りました。

豊後大野市の取組みはまだまだ始まったばかりですが、「なにもない」と悲観している全国の過疎地域の人々に向けて、強いメッセージを発信しています。

第3章 リピーターを生む仕組み

#1

いかにインバウンドを取り込むか

観光事業を盛り上げる四つのポイント

この章では、読者の方々の地域課題の解決に活かしていただけるように、私たちインバウンド推進協議会の活動について具体的に紹介いたします。

二〇一八年四月に設立された民間団体「インバウンド推進協議会ＯＩＴＡ」は、コロナ禍を経て二〇二三年七月に一般社団法人「インバウンド全国推進協議会」へと改組・改称して現在に至ります。

この間、大分県が公募した委託事業「観光産業リバイバル推進事業」に応募したところ、それまでの地道な取組みと、今後の具体的な課題解決策の提案が功を奏し、見事に受託できました。委託事業として、経費のほぼ全額を補助してもらえることになったのです。

「観光産業リバイバル推進事業」とは、新型コロナウイルス感染症によって観光地が多大な影響を受けているなか、今後、失われた観光需要を回復していくため、観光資源の磨き上げなどにより、地域の魅力をいっそう高めることを目的とした提案型公募事業です。そこで私たちが提案した事業は、ずばり、「インバウンド復活を見据えた観光産業の課題解決支援事業」でした。

それまで、2か月に一度の定例会でのディスカッションを通じてさまざまな解決策のアイデアが生まれていましたが、いずれも広範囲かつ資金的にも先立つものが必要なことばかりで、実現までの道のりははるか遠くに感じられていました。しかしながら、コロナ禍の間も諦めずに活動を続けた結果、はからずも「県の委託事業」という形で実現できることになったのです。「継続は力なり」といいますが、あらためてこの言葉の意味を実感しました。

採択された私たちの事業は、大きく分けて次の四つの項目で構成されています。

①観光人材の育成
②観光素材の発掘、情報収集
③情報発信、プロモーション
④受入れ環境の整備

これらは、第2章で述べた、過去のディスカッションで浮き彫りとなった六つの課題、①言葉の問題、②意識の問題、③インフラの問題、④ニーズ・情報発信の問題、⑤地域資源の活用、⑥地域連携の問題――を、より実現可能な形で再分類したものです。

各項目の内容について、実際の事業計画書に基づいて紹介します。観光にかぎらず、地域社会にはさまざまな課題が存在しています。課題解決の「一つの手法」として参考にしてください。

観光人材を育成する

現在、日本では、少子高齢化などで労働力の減少が懸念され、国全体で生産性を上げていかなければならない局面にあります。

インバウンド戦略において、日本よりもモバイルやネット環境が進んでいる諸外国にアプローチするには、ＷｅｂやＩＴに関する知識や技術の習得が必須です。しかしながら、多くのインバウンド受入れ事業者のデジタルリテラシーは決して高いとはいえず、このままではアフターコロナのインバウンド集客に後れをとってしまうことが懸念されました。

そこで協議会のメンバーに、デジタルマーケティングやＩＴに関する知識や技術を習得する機会を提供することを考えました。

デジタル技術を活用した効果的な情報発信やリピーター獲得のための施策立案等に役立てていただくことを目的に、県内の観光関連事業者や地域の観光を担う人材に対して、講演会・セミナーの実施、およびデジタルを活用した効果的な情報発信技術を習得するための学習プログラム「ＳＵＲＧＥ（サージ）」を導入しました。

ＳＵＲＧＥ（サージ）とは、株式会社デイアライブが提供するＷｅｂ・デジタルマーケティングを支援するサービスで、これによって、Ｗｅｂサイトの制作、ＳＮＳの活用、広告配信、データ分析などに活かせる知識を基礎から体系的に学ぶことにしたのです。

また、本事業において学習したことをベースに、いままでシステムベンダーに任せがちだったＩＴ技術活用施策やシステム構築を、受講者それぞれが主導できるようになることをめざしました。

観光素材の発掘と情報の収集

一般的に、地方に行くほど「二次交通」「三次交通」が不足しており、そのことが地方の観光振興の足かせになっていると言われてきました（そう思い込んでいました）。

しかしながら、よくよく調べてみると、山間部のデマンドバス（既定の経路や時刻表がない予約型のバス）や都市部のシェアサイクルなど、各地域の事情に対応した多様な交通手段が存在しているものの、それが県内外の観光客に十分に知られていないのではないかという結論に至りました。

「ないものを嘆くな、あるものを活かせ」という発想は何度かご紹介してきましたが、こうした交通機関の問題も同じ発想で改善できるのではないかと考えたのです。

そこで、かねてより課題とされていた「地域資源の活用」や「地域連携の問題」および「インフラの問題」の3点を同時に改善することを目的に、既存の交通機関の調査と活用を主たる取組みとして、将来的に県内の観光地域間の連携につながる次の2種類の動画を制作することにしました。
（1）複数の観光施設間を周遊するモデルコースと、そのアクセス方法を検証してビデオ撮影し、多言語で案内する（公共交通機関、タクシーの利用代金を含む）。
（2）別府駅や由布院駅など知名度の高い交通拠点から観光施設までのアクセス方法を検証してビデオ撮影し、多言語で案内する（公共交通機関、タクシーの利用代金を含む）。
県内の複数の観光地や施設を、さまざまな交通手段とともにモデルコースとして動画で紹介することで新たな導線が生まれ、これまで単体では集客が厳しいと思われていた施設も、魅力ある周辺地域の観光スポットと組み合わせて紹介することで、さらなる観光客の流入が期待できるのではないかと考えました。

情報発信とプロモーション

大分県内には、古くから県北の「ツールド国東《くにさき》」や県南の「ツールド佐伯」など、サイクリングに関するイベントが根付いています。全国的には、瀬戸内海の「しまなみ海道」など自転車を核としたサイクルツーリズムが注目されています。

そこで、大分県内の知られざるサイクルルートを紹介する動画を制作し、多言語による翻訳字幕もつけて、当協議会ホームページやユーチューブなどで国内外に発信することにしました。

次に、県内留学生らによるモニターツアーの実施を行うことにしました。具体的には、実体験型ワークショップツアーとして、大分県豊後高田市の「そば打ち体験」や別府市の「共同温泉の体験」などのツアーを企画し、県内留学生に参加を依頼しました。

興味のある外国の若者と会員が主体となって、たんなる体験だけでなく、学習・ディスカッション・ワークショップを行うことで、今後の後継者育成効果にもつながるツアーの組立てをめざしたのです。

受入れ環境を整備する

インバウンドの受入れ環境を整えるうえで、「言葉の問題」と「意識の問題」の解決は不可欠です。

「言葉の問題」については、以前から課題になっており、「どこから手をつけたらよいのかわからない」や「そもそも翻訳・通訳を誰に頼めばよいのかわからない」という声を聞きました。

そこで、まずは各事業者の施設内の表示（案内）を多言語化するための翻訳業者を斡旋することから取りかかることにしました。翻訳業者も協議会の会員から募り、会員間相互にメリットのある形をめざすとともに、確実に「多言語化を現物化」（デザイン、印刷またはデータ交付）することを第一の目的としました。

次に、もっとも根本的な問題ともいえる「意識の問題」について、これまでとはまったく異なるアプローチが必要ではないかと考えました。

そもそもインバウンドを受け入れるか否かは、「言葉の問題」以前に「意識の問題」＝「心の壁」が大きなウエイトを占めています。

一般的に何ごとも完璧を求めるあまり、「もしものことがあったらどうしよう」という漠然とした不安や、「日本人相手のときよりも業務に余分な負荷がかかるのではないか」という、まだ見ぬものに対する警戒心にも似た懸念が大きいのではないでしょうか。

しかしながら、少子高齢化とともに今後の国内市場が確実に縮小していくなか、観光産業のみならず多くの産業は海外市場に参入せざるをえないことは明白です。

内閣府が公表した『令和６年版高齢社会白書』の人口推計予測によれば、現在と四〇年後を比較すると、六五歳以上の人口はほぼ横ばい状態ですが、もっとも消費活動する一五歳以上六四歳以下の人口は二五〇〇万人も減少してしまうといわれています。

つまり、国内市場にかぎっていえば、今後の売上げは「減ることはあっても増えることはない」のです。このことから、いわゆる「持続可能な観光」を考えた場合、好むと好まざるとにかかわらずインバウンド対策は不可欠といえます。

もはや待ったなしの状態のなか、「完璧な受入れ態勢が整ってから」と考えている人がいたとしたら、残念ながらすでに時代の流れに乗り遅れています。

私の経営する旅館 山城屋は、20年前からインバウンド受入れに力を入れてきました。おかげさまで、現在の外国人割合は90％で、２か月先まで満室の予約をいただいています。また、世界最大の旅行口コミサイト「トリップアドバイザー」の日本の旅館部門２０２４で満足度全国第2位（アジアで第17位）となり、つねにランキング上位をキープしています。

もちろん、取り組み始めた当初は何のノウハウもなかったので、数えきれないほどの失敗をしましたし、災害時や緊急時の対応など、今から思えば貴重な経験もさせてもらいました。こうした経験を次に生かすことによって、確実にスキルアップができたように感じています。

なので、まずは「やってみる」ことが重要です。

そこで、われわれ協議会は、そのための意思表示の象徴ともいえる「インバウンドに優しいおもてなし認定証」の認定交付を始めることにしました（118ページ参照）。

もともと、この認定証制度は大分県内の事業者を対象に始めたものですが、交付申請手続きをインターネット上で行ったところ、県内のみならず全国から申請がくる展開になったことは予想外の出来事でした。

この節で紹介した四つの項目は、協議会の発足以来、数多くのディスカッションを重ねるなかで集約された課題ですが、県の委託事業に採択されたおかげで解決へ向けて大きく前進することができました。

#2 広域連携で地域の魅力度を高める

「まだ外国人客が訪れていない地域」はどこか

大分県が公募した委託事業に向けて私たちが提案した事業名は、「インバウンド復活を見据えた観光産業の課題解決支援事業」でした。

コロナ禍が明ければ必ずインバウンド（訪日外国人旅行）が復活することはわかっていました。そうすれば、再び全国の観光地は外国人客の争奪戦となり、何も手を打たなければ、コロナ禍前と同じように一部の地域だけがオーバーツーリズムで、他の地域は相変わらず閑散なままという状態になることは目に見えていました。

それを回避するには、「まだ外国人客が訪れていない地域」の観光素材を発掘し、その情報を収集することが必要だと考えました。

今回の委託事業を活用し、協議会のメンバーでディスカッションを重ねた結果、観光素材の発掘と情報収集に役立てるため、大分県内をより広域に紹介する、ユーチューブ用の2種類の動画チャンネル「おおいたの小さな旅」（A small trip in Oita）を制作することにしました。先述したように次の2種類の動画です。
（1） 複数の観光施設間を周遊するモデルコースと、そのアクセス方法を検証してビデオ撮影し、多言語で案内する。
（2） 別府駅や由布院駅など知名度の高い交通拠点から観光施設までのアクセス方法を検証してビデオ撮影し、多言語で案内する。
まず、（1）の複数の観光施設間を周遊するモデルコースの動画についてご紹介します。

この動画は、一般的には知られていない新たなルートやアクセス方法を、外国人にもわかりやすく説明することで地域の魅力を知ってもらうことを目的としました。ぜひ参考にしてください。

複数の観光地を周遊するコースを紹介する

「複数の観光施設間を周遊するモデルコース」は、大分県内の七つのエリアを日本語、英語、中国語（簡体字）、韓国語の言語ごとに制作したため、全部で7×4言語＝計28本の動画となりました。

大分県で人気の観光地である別府や湯布院はもちろん、そのほか知られざる県内観光地を、交通アクセスも含めて外国人にもわかりやすく紹介することに留意しました。

7つのモデルコースの動画を制作

動画「奥日田 津江・大山モデルコース」

そのため、対象となる観光施設を含め、現地の交通事情にもっとも詳しいと思われる人たちを当協議会の会員から選出し、制作する側も、会員のなかから動画撮影を専門とする人たちに協力依頼をしました。３事業者が分担して、４か月ほどの製作期間を要しました。

この動画は、1エリア1施設ではなく、できるだけ多くの点在する施設を交通機関で結んでモデルコースとして紹介することとし、その交通機関もデマンドバスやシェアサイクルなど、地元の人しか知らないようなレアな情報をあえて取り上げています。

「二次交通、三次交通が不足している」といわれる地方の観光地も、よく調べてみると、その地域特有の交通手段が存在していることがわかりました。この、「存在しているものの知られていない」ことが、地方への観光客誘致においてもっとも優先的に解決すべき課題だと思います。

クルマがなくても公共交通機関で十分に楽しめる

「複数の観光施設間を周遊するモデルコース」は、県内七つのエリアごとに制作しましたが、ここでは、その一つ「奥日田 津江・大山モデルコース」を紹介しましょう。交通手段が不足している地域でのアクセス情報を紹介していますので、同じような悩みをもつ地域の方はぜひ参考にしてください。

このエリアを含む日田《ひた》市は、大分県の北西部に位置します。

日田市は、江戸幕府の直轄地である天領の一つとして栄え、その歴史と文化を色濃く感じさせる観光名所が数多く点在しています。その代表的な観光地が豆田町《まめだまち》の町並みで、江戸時代から残る商家や土蔵が大切に保存され、国土交通省の「美しいまちなみ大賞」を受賞している人気の観光スポットです。

広い日田市内には、ほかにも鯛生金山《たいおきんざん》という歴史的産業遺産、フォレストアドベンチャーなどの体験型観光スポットやグルメなどが数多く点在しています。しかし、これらの観光スポットを巡るにはマイカーが必須とされ、そのほかのアクセス方法があまり知られていないことはインバウンド集客において大きな課題でした。外国人旅行者の大半を占めるFIT（個人旅行者）の多くは、公共交通機関を利用して移動しているからです。

モデルコースは、一つひとつの観光スポットを単独でPRするよりも、「点と点を線で結ぶ」ようにつくって広域的にPRをするほうが、より地域の魅力度がアップするはずだと考えました。そこで、日田市のなかでも、奥日田と呼ばれる山間部の津江地区と大山地区の見どころとなる複数の観光施設を、一般的には知られていない独自のアクセス方法で結ぶ動画を制作しました。

この動画の見どころと特徴を五つのポイントで紹介しましょう。

①そもそもどこにあるのか？（位置関係）

観光地を紹介するときに、日本人であればおおむね地理的な知識があるので詳しい説明を省略しがちですが、対象が全世界となるとそうはいきません。

そこで、オープニングは、世界地図からの日本→九州→大分県へと導く映像にしました。九州そのものも、外国人には日本のどこにあるのかわからない場合があるからです。

紹介する観光スポットの画面の左側には必ず近隣のエリアとの位置関係の地図を表示します。外国人旅行者の行動範囲は私たちの想像を超えています。彼らはかぎられた滞在日数のなかで、より多くの観光地を巡りたいと考えるため、候補地となるエリアが1日でその観光を完結できるか否かは大きな関心事なのです。位置関係を明確にすることで、これらのコースが1日で回れるかどうかの判断が可能になります。

体験型観光スポットの「フォレストアドベンチャー・奥日田」は、日田市南部の緑豊かな山間部にあります。森をそのまま活用した「自然共生型アウトドアパーク」として知られ、ジップスライドなどのフィールドアスレチックを楽しむことができます（ジップスライドとは、山や森など自然のなかに架けられたワイヤーロープにベルトとハーネスを装着してぶら下がり、滑車を使って滑り降りるアウトドアアクティビティです）。

通常、ここまでのアクセスはマイカーを前提としていますが、公共交通機関を上手に利用すればマイカーがなくても訪れることが可能なのです。そこで、紹介するのが予約型の「デマンドバス」です。

日田駅前からは路線バス（日田バス）に約1時間乗車し、松原停留所で下車します。次に、日田市営のデマンドバスに乗り換えます。

デマンドバスとは、通常のバスや電車などのようにあらかじめ決まった時間帯に決まった停留所を回るのではなく、予約によって指定された時間に指定された場所へ送迎する交通サービスのことです。予約が必要ですが、あらかじめ行き先が決まっている場合は、乗

■世界地図から観光地に導く

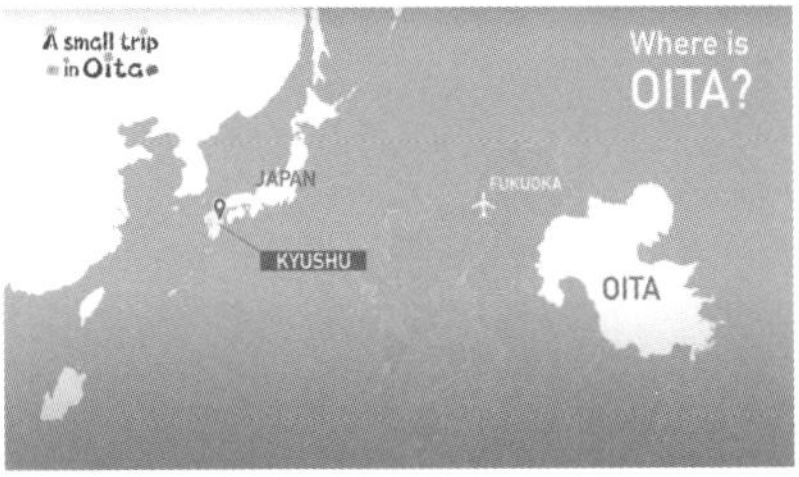

世界→日本→県の
位置を示す

県内の観光エリアの
位置を示す

■候補地エリアは1日で回れるか

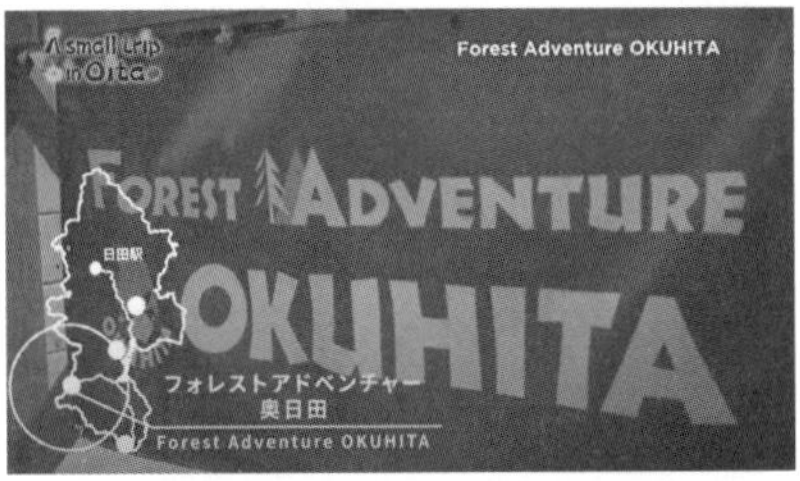

観光地の位置関係を
明確に示す

予約型のデマンドバス
を紹介する

り手側の時間に合わせてくれるので非常に便利です。

地方観光では、このような交通機関をできるだけ多く紹介することが大切です。

②隣接する観光スポットとセットでPRする

次に、フォレストアドベンチャーに隣接する「鯛生金山地底博物館」を紹介します。

鯛生金山は、一九七二年に閉山した金山の坑道を利用してつくられた体験型博物館で日本近代化産業遺産に認定されています。

入口から800メートルほどの坑道を歩いて見学できるだけでなく、砂金採りの体験コーナーもあり、砂金を専用ホルダーで持ち帰ることもできます。この動画では、「フォレストアドベンチャー」と「鯛生金山」という、異なる二つのタイプの体験型観光施設を同時に紹介することで、双方の魅力を増幅させる効果を狙っています。

③より多彩なアクティビティを紹介

デマンドバスを使えば、さらに広域的な観光スポットを巡ることができます。

九州唯一の国際公認サーキットの「オートポリス」では、通常のレース観戦のほかに、自分の車でサーキットを体験走行することができます。オフロードでのバギー乗車体験も楽しめます。

④もちろんグルメも紹介

■ 1日で回れる観光コースを紹介する

観光スポットをセットで
紹介する

体験型の観光を
紹介する

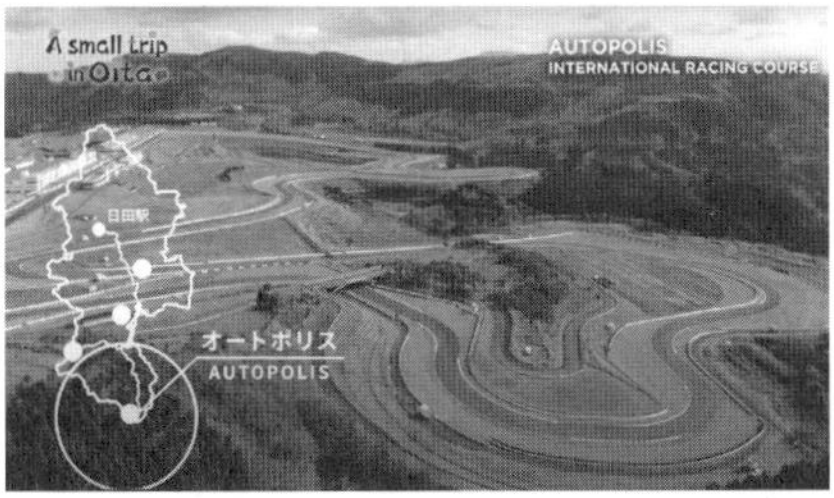

画面上に近隣エリアの
地図を表示

グルメもしっかり
紹介する

歴史・文化・アクティビティとくれば、次は当然グルメの紹介です。

モデルコースでは、このあと最初に下車した松原停留所まで戻り、再び路線バス（日田バス）に乗り換えます。そして、「水辺の郷 おおやま停留所」で下車。ここには、地元野菜やフルーツのほか、全国コンクールで最高評価の梅酒・梅干しなどを取り揃える直売所があります。

また、イタリア人シェフ、サルバトーレ・クオモ氏がプロデュースしたジェラート店「GELATERIA LAB3680 OKUHITA」で、果物の含有率50％以上の体に優しいジェラートを楽しむことができます。

⑤詳しい情報はＱＲコードでリンクする

この動画では、そのほか、日田市出身の漫画家・諫山創さんの人気漫画『進撃の巨人』のＡＲ体験スポットなど多くの情報を紹介していますが、長時間の動画は途中で飽きられるおそれがあるので、全体で7分50秒に短くまとめました。当然、伝えきれない情報もあり、より詳しい情報を提供する方法として画面上にＱＲコードを表示しています。

最新の情報を伝えるには、各公式サイトへのリンクをＱＲコードで貼ることがもっとも有効です。

アクセス方法に特化した動画も必要

この日田をはじめ、県内7か所のエリアごとに制作した「複数の観光施設間を周遊するモデルコース」の動画は、いずれも協議会がかねて掲げてきた「地域資源の活用」「地域連携の問題」「インフラの問題」という三つの課題を解決するための取組みです。

対象市場を世界としてとらえ、字幕や一部音声も四つの言語（日本語、英語、中国語、韓国語）で制作しました。

動画を制作したのちに、それらのエリアを実際に訪れてみると、さらに、バスや列車の乗り方など、交通機関のより詳しい利用方法や、そもそも大分県までのアクセス方法（とくに九州の玄関口である福岡県から大分県まで）などについての動画も必要なことがわかりました。次節では、そのために制作した「交通検証に特化した動画」を紹介します。

外国人のみならず日本人に対しても、初めて訪れる観光客の目線に立った案内がいかに重要であるかがおわかりいただけることと思います。

#3 目的地までのアクセス法を動画で説明する

交通機関の使い方を親切に教える

前節では、「複数の観光施設間を周遊するモデルコース」を紹介しましたが、この動画の制作意図は、一つひとつの観光スポットを単独でPRするよりも、「点と点を線で結ぶ」ようにモデルコースをつくり、広域的にPRをすることで地域全体の魅力度をよりアップさせようというものでした。

しかしながら、実際に現地を訪れてみると、移動手段としての列車や路線バスなどの公共交通機関の利用方法そのものが日本人でもわかりづらいという課題がありました。

考えてみれば、特定の観光地や施設のPR動画はユーチューブに山ほどアップされていますが、そこに至るまでの公共交通機関の利用方法について詳しく説明されたものはあまり見当たりません。

公共交通機関が乗客の「安全・安心」を最優先するのは当然ですが、地域に欠かせない企業として今後の安定的な運営をめざすうえでは、顧客（あえて乗客ではなく顧客と言います）の「利便性」にも留意することが重要だと思います。

乗客も顧客です。毎日の通勤・通学は別として、一度「不便」と感じれば、その次はもう利用しないかもしれません。また、国内外の観光客が同じように「不便」と感じれば、その地域が再訪する旅行先の候補地に入る可能性はきわめて低くなります。

つまり、本書のテーマである「リピーターを生む新インバウンド戦略」とは、ほど遠い結果となってしまうのです。

拠点から観光施設までの交通を検証する

以前、インターネット上でこんな記事を読みました。

北海道のあるバス会社が、利用者の減少によって存続の危機に陥ったときのことです。バス会社は、沿線の各世帯に「バスの乗り方マップ」を配布し、さらに、バス車内の案内放送を強化し、路線も、高齢者の意見をとり入れておもなスーパーや病院をカバーする経路に切り替えるなどの努力をしたところ、40年ぶりに利用者が増加したとのことでした。

顧客の「利便性」にしっかりと目を向けたからこそ、利用客が増加し、本業の健全化に成功したのです。

そこでわれわれは、顧客の「利便性」の観点から、列車やバスなどの公共交通機関の利用方法について、より詳しく具体的に紹介することを第一に取り組みました。

「別府駅や由布院駅など知名度の高い交通拠点から観光施設までアクセスできるルートを検証してビデオ撮影し、多言語で案内する」ことにしました。あえて、大分県の二大観光地である別府と湯布院の両方のエリアからのアクセスを紹介することで、より多くの観光客を呼び込むことを期待しています。2種類の動画を紹介しましょう。

（1）別府駅から城島高原まで

一つは「城島高原《きじまこうげん》アクセスガイド」です。

城島高原は、湯布院、別府という大分でも指折りの観光地から車で約20分の場所にある、由布岳・鶴見岳を有する阿蘇くじゅう国立公園内の高原です。ここでは、この高原内に整備されたリゾート施設を案内します。

施設内には、遊園地のあるパーク、ホテル、ゴルフクラブがあり、小さな子ども連れのお客様、ゆっくり自然を楽しみたいグループ、ゴルファーなど幅広い年齢層に人気の観光地です。この観光施設を訪れるための交通アクセスについて、おもに路線バスを利用する場合のハウツー動画を日・英・中・韓の4言語で制作しました。

まずは、別府駅前からのバスの乗車についてです。

バスの乗り場はもちろん、バスの番号や料金まで紹介します。また、路線バス特有のロー

■有名観光地からのアクセス法を紹介する

バス乗り場を案内する

バスの乗り方を説明する

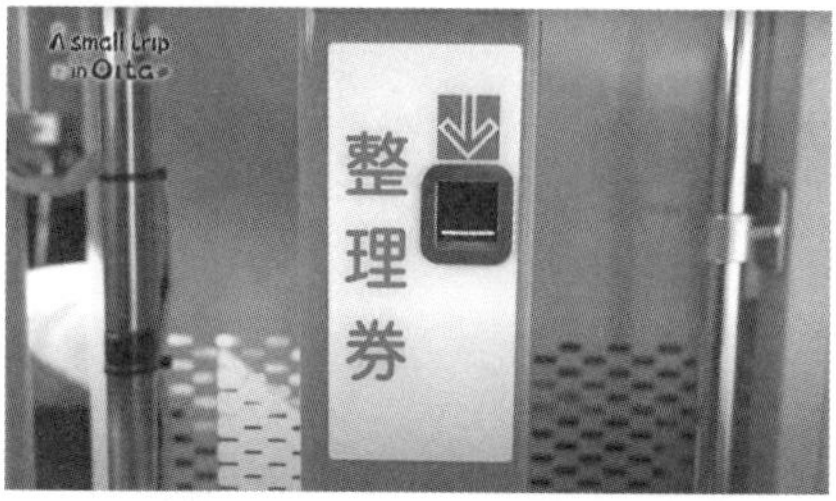

乗車時に整理券を
取ることを教える

降車用ボタンを押すことも説明

動画「城島高原
アクセスガイド」

カルルールである「後ろから乗車、前から降車」といった乗車方法や、乗車する際には必ず入口で「整理券」を取らなければならないという、日本人でも地元の人しか知らないようなルールも具体的に紹介します。

さらに、降りたい停留所で降車する際には、座席横の壁にある「降車用ボタン」を押すことにも触れます。押し損ねると、通り過ぎてしまうことがあるからです。

（2）由布院駅から城島高原まで

もう一つは、「湯布院の由布院駅前から城島高原への移動方法」について。こちらも、バス乗り場やバスの番号と料金などを詳しく紹介します。

こちらの動画は、施設を城島高原リゾートにかぎって制作しましたが、同施設の公式ホームページにもリンクされているためか、日本語版の動画は2000回を超える再生（二〇二四年五月現在）となっており、多くの観光客が参考にしていることがわかります。

当初、外国人客を対象として多言語版で制作したものが、結果的に日本国内でも多く見られていることがわかり、アクセス情報の動画が国内外を問わずどれだけ必要とされているかがあらためて浮き彫りとなりました。

大都市から地方拠点へのアクセス

「城島高原アクセスガイド」によって大分県内の主要交通拠点からのアクセスはカバーできますが、顧客の市場を世界としてとらえた場合、九州の玄関口である福岡県から大分県までのアクセス方法を案内する必要があります。そこで次に、「福岡空港から大分へのアクセスガイド」の動画を制作しました。

福岡空港から大分までのアクセスはバスと列車の二つの方法があります。

（1）福岡空港からバスを利用する場合

まず、バスを利用する場合ですが、これにも二通りあります。一つは、別府・湯布院などの主要観光地へ空港から直通バスを利用するケース。

もう一つは、その他の観光地へ行く場合です。空港から地下鉄で博多駅まで移動し、そこで高速バスへ乗り換えるケースです。博多駅から博多バスターミナルへ徒歩で移動する様子も動画で撮影し、バス乗り場を間違えることのないようにしました。

（2）福岡空港から列車を利用する場合

福岡空港から大分へ列車を利用して行く場合は、空港から地下鉄で博多駅まで移動したあと、大分県の海側を走るＪＲ日豊本線と、内陸部を走るＪＲ久大本線の二通りの方法があります。目的地によって選択が異なりますから、いずれのルートも紹介します。

動画では、博多駅での特急列車の切符売り場や、乗り場までの道案内はもちろん、日豊本線のルート特有のスイッチバックについても触れています。

スイッチバックとは、路線の途中で列車の進行方向が変わることをいいますが、日豊本線のルートを利用する場合は小倉駅で進行方向が変わります。このときに、乗客は自分で座席を反対方向へ回転させる必要があります。

列車に乗り慣れている人ならともかく、初めてこの路線を体験する方は、注意をしておかないと少し慌てることになります。前の座席のフックに上着やバッグなどを掛けていると、知らないうちに座席を回転されてしまい、慌てて二つ後ろの席となった乗客に「ちょっとすみません」と言って取りに行かなければならなくなるからです。

旅行者が安心して移動できるか

このような動画を制作してみてあらためて感じることは、日本人である私たちでさえ知らないことが多く、ましてや初めて日本を訪れる外国人には、「乗り間違えないだろうか？」「予定時間に間に合うだろうか？」といった不安の種が山ほどあるのではないかということです。

ここで紹介した動画のように、通常では触れないところまで、より詳しく具体的に説明することで、不安の種を一つひとつ取り除くことができれば、旅行者は目的地に着くまで

■大都市からのアクセス法を案内する（バス）

福岡から大分へ

空港からバスで観光地に向かうケース

空港から地下鉄で博多駅へ

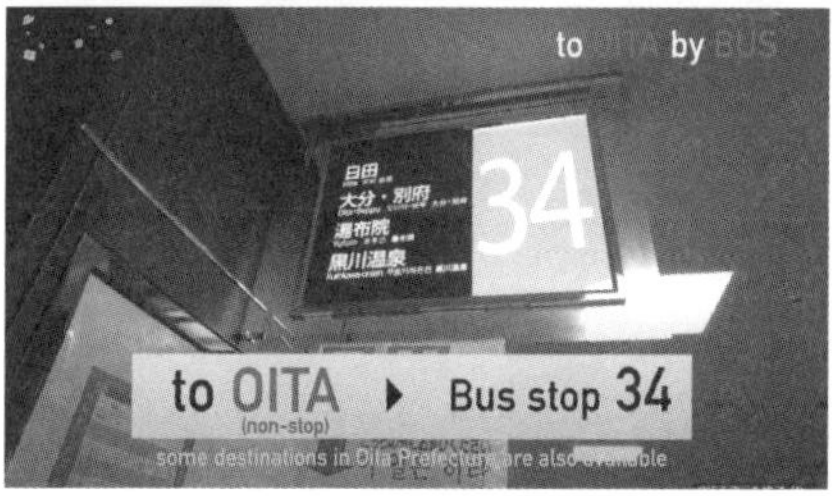

博多からバスで観光地に向かうケース

■大都市からのアクセス法を案内する（列車）

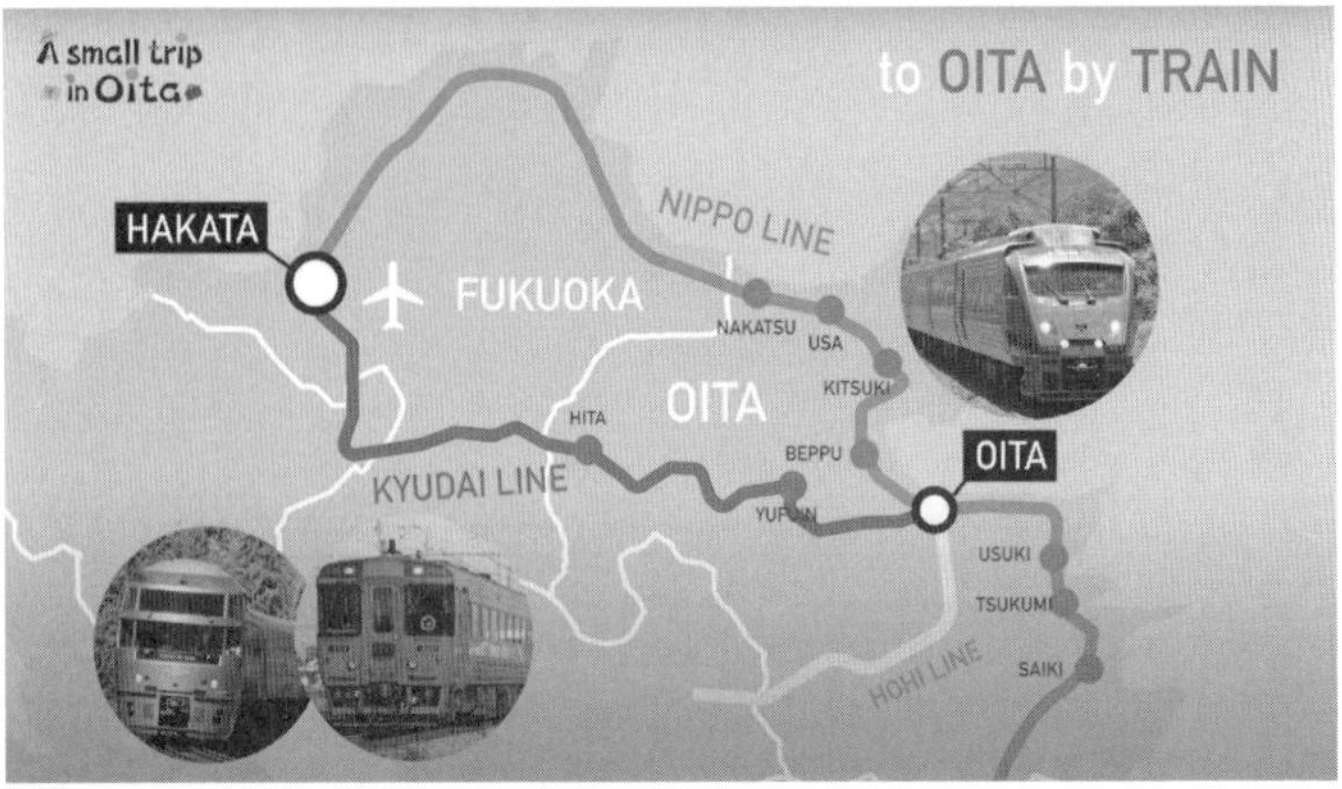

2路線あることを示す

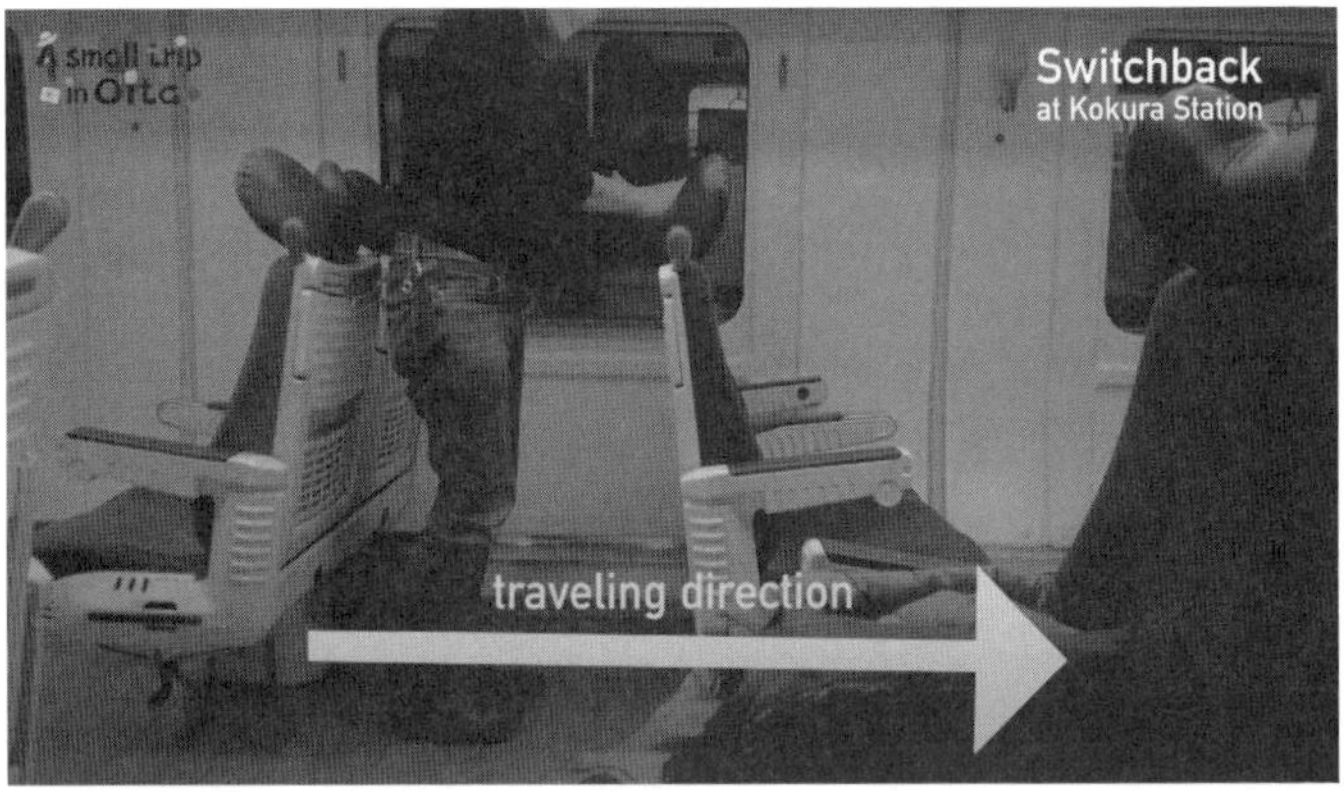

スイッチバックについても説明する

動画「福岡空港から大分へのアクセスガイド」

の移動の時間も余裕をもって楽しめるのではないでしょうか。

日本人であれ外国人であれ、旅行者が安心して移動できるか否かは、日本が「観光立国」をめざすうえでの大きな分かれ目といえます。目的地への移動の「安心感」は旅の「満足感」に変わり、その地は再び日本を訪れる際の「候補地」にもなりうるでしょう。「不安な思い」だけが印象に残れば、再び訪れる候補地とはなりえないでしょう。

「二度三度来たくなる環境づくり」をめざそうと思えば、このような顧客の立場に立った情報発信が必要であり、まだまだ受入れ環境に関する課題が山積していることを、いま一度自覚する必要があります。

#4 受入れ態勢を自己採点してみよう

「インバウンドに優しいおもてなし認定証」

インバウンド推進協議会ＯＩＴＡは、インバウンドの課題解決と情報共有を目的に、二〇一八年四月に大分県で発足した団体ですが、先述したように、コロナ禍を経て二〇二三年七月に一般社団法人化して全国推進協議会に改称しました。

そのきっかけは、二〇二三年三月にインバウンドに対する受入れ態勢の成熟度を診断する「インバウンドに優しいおもてなし認定証」という認定制度を発足させたことにあります。

いざインバウンドを受け入れようとした場合に、「受入れ態勢としてどこまで整備すればよいのかわからない」や、「どこから手をつけていいかわからない」という声をよく聞きました。そこで私たちは、その基準となる認定制度が必要だと考えたのです。

当初、この制度は大分県内の観光施設や団体を対象として始めましたが、認定の申請受付をインターネット上で開始すると、県内だけでなく他県からも申請があったため、会の名前を改めたのです。

認定証の判定項目は全部で20を決めました。大きく「多言語」「案内」「飲食」「健康・安全」「意識向上」「設備」の六つの分野に分けました。6分野20項目の判定基準は、協議会の運営委員がコロナ禍のなか、連日深夜までオンラインで会議を重ね、現状で考えられる課題を洗い出し、整理して設けたものです。

各分野の判定項目は以下のとおりです。これからインバウンドを受け入れようとする施設の方や、すでに受け入れているものの、自施設の受入れ態勢レベルに不安を感じている方は、ぜひこの判定項目をチェックしてみてください。


〈多言語〉
①当該施設内に多言語（日本語＋1言語以上）の案内表示がある。
②当該施設までの交通アクセスを、ウェブ上、またはメールで多言語（日本語＋1言語以上）による紹介ができる。
③意思疎通が困難な場合に対応できる人員がいる。または外部コールセンターや翻訳アプリなどを利用することができる。

〈案内〉
①最寄りの公共交通機関の紹介ができる。または最寄りの公共交通機関までの送迎がで

きる。（宿泊業・レジャー施設のみ対象）
②周辺観光スポットおよび公共交通情報やモデルコースの要望に対応している。
③その他、実際に生じたインバウンド観光客のニーズや状況に合わせて、柔軟かつ迅速な対応に取り組んでいる。（食事や体験など）
④グーグル・ビジネスプロフィールに登録し、営業情報を公開している。

〈飲食〉（飲食を提供している施設のみ対象）
①アレルギーに可能な限り対応している。
②海外における文化的な理由に基づく食のカスタマイズに柔軟に対応できる。

〈健康・安全〉
①感染症対策をしている。
②地震・風水害、火山噴火などの自然災害への対応態勢がある。
③病気や怪我などの緊急時に外国人対応が可能な最寄りの病院を紹介、盗難や事故などの発生時における警察への連絡、不測の事態において最寄りの領事館等を紹介、またはサポートできる態勢がある。
④盗難防止上のセキュリティ対策ができている。（施錠、金庫、ロッカー、預かりなど）

〈意識向上〉

①過去1年以内に従業員に向けた外国人対応を意識した接客マナー勉強会を実施、または、インバウンド全国推進協議会が認める研修会に参加したことがある。もしくは今後1年以内に前述のいずれかを実施、あるいは参加予定である。

②外国文化を学ぶ交際交流に関するイベントへの参加を実施ずみ、または今後1年以内に実施あるいは参加予定である。

③外国語の勉強会を実施、あるいは参加ずみ、または今後1年以内に実施あるいは参加予定である。

〈設備〉

①当該施設内において、Ｗｉ－Ｆｉ環境が整備されている。

②生活習慣の違いに対応するための設備がある。（ベッド、椅子、洋式トイレなど）

③クレジットカードや電子マネーなどのキャッシュレス決済に対応している。

④免税対応している。（売店などの設置がある施設のみ対象）

以上の6分野20項目の判定基準は、インバウンド客へのおもてなしを念頭に作成したものですが、完成したものを見ると、国内客にも共通する内容でもありました。

70％以上クリアできているか

これらの項目のうち、申請者自身の業務に該当する項目のみを判定し、70％以上クリアできた場合に認定証を交付します。たとえば、飲食を提供していない業種の場合は、「飲食」に関する2項目は対象外となり、残りの項目の達成度合に応じて判定されます。

申請方法は、グーグルフォームによる自己申告となっていて、いつでも誰でも気軽に申請することができます。

該当する判定項目の70％以上をクリアし、正式に認定申請された方に、協議会より「認定証」と「ＨＡＮＤＢＯＯＫ」を交付します（認定料は５０００円です）。

クリアスタンドに入った「インバウンドに優しいおもてなし認定証」が手元に届けば、晴れて認定施設の仲間入りということになりますが、これで終わりではありません。70％以上クリアできたとしても30％近く課題が残っています。

残りの課題をどうクリアしていくか。認定証とともに配布される「ＨＡＮＤＢＯＯＫ」にそのヒントが示されています。

「ＨＡＮＤＢＯＯＫ」は、判定基準の20項目に沿った手引書です。たとえば、意外と知られていない無料の多言語コールセンターや、災害発生時の高速道路に関するアプリ「Ｈｉｇｈｗａｙ交通情報」などを積極的に活用する方法などを提供しています。

■認定証制度を発足

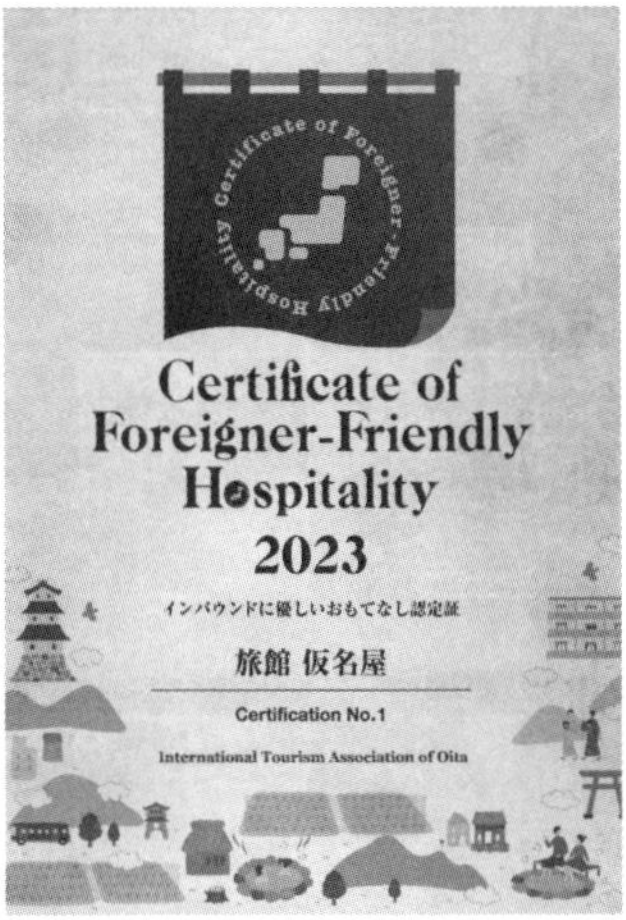

インバウンドに優しいおもてなし認定証

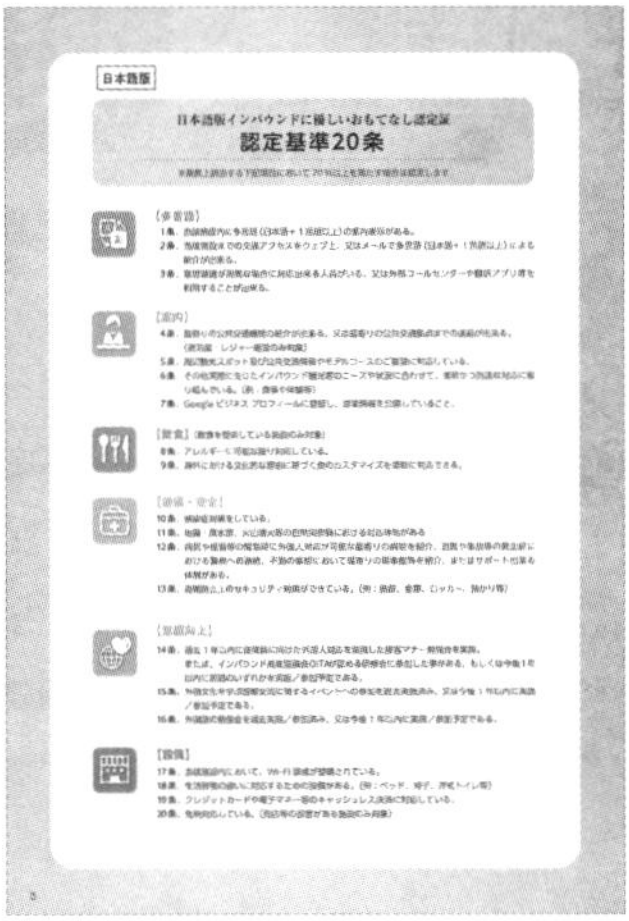

HANDBOOK（20 項目に沿った手引書）

◎ 外国人旅行者向け緊急時対応等の情報

❶各自施設の方針に合わせ、JNTO が発行した「全種類のピクトグラムの公式フォーマット」を活用する
https://www.jnto.go.jp/jpn/news/topics/20210226.pdf

❷コールセンター（24 時間 365 日　英語 / 韓国語 / 中国語対応）
+81-50-3816-2787

❸海外旅行保険や医療指導
（日本語 / 英語 / 中国語簡体字・繁体字 / 韓国語版あり）
https://www.jnto.go.jp/emergency/jpn/mi_guide.html

◎ 災害発生前及び復旧後の交通機関に関する情報提供やネット環境を積極的に提供する

例　App「iHighway 交通情報」

App ダウンロードは

iOS　https://apps.apple.com/jp/app/ihighway交通情報/id546608142

HANDBOOK に QR コードを掲載

「インバウンドに優しいおもてなし認定証」申請フォーム

ＨＡＮＤＢＯＯＫは、数多くＱＲコードを掲載することで、誰もが使いやすいように工夫しました。たとえば、「飲食」の分野では、食物アレルギーに対応するための「食物アレルギー事前調査票」（日本語・英語・中国語・韓国語）や、指差しシートでどの国の人にも使える「食材ピクトグラム」を簡単にダウンロードできるように、そのＵＲＬをＱＲコード化して掲載しています。

また、「健康・安全」の分野では、訪日外国人の病気・怪我の際のおもな連絡先なども、ＱＲコードの読み込みで検索できるようにしています。

インバウンド対応は早いほどいい

現在、「インバウンドに優しいおもてなし認定証」の交付施設は、大分県から全国へ向けて広がりつつありますが、一方で、「インバウンド対応はこの認定を受けただけで簡単にできるものではない」という意見も聞きます。たしかに、満足度の高いインバウンド対応はすぐにできるようにはなりません。

私が経営する山城屋も、外国人受入れを始めて以来、世界的旅行口コミサイト「トリップアドバイザー」の日本の旅館部門満足度第３位（二〇一七年）になるまでには約10年の歳月を要しました。それでも、改善すべき点は山ほどあり、今も日々課題と向き合っている状態です。「インバウンド対応はある程度態勢が整ってからにしよう」と考えている人がいたとしたら、それは大きな間違いなのです。

海外向けのOTA（オンライン・トラベル・エージェント）と呼ばれる旅行サイトが増えた今は、私が対応に取り組み始めた頃よりずっとインバウンド市場への参入がしやすくなったとはいえ、軌道に乗るまでに数年はかかることを覚悟しなければなりません。

前にも紹介した『令和6年版高齢社会白書』では、今から32年後には日本の人口は1億を切るとされています。これから先、国内客だけを対象として営業を続けた場合、次第に先細りとなることは火を見るよりも明らかです。今後の売上げは「減ることはあっても増えることはない」のです。

人口の減少は、観光業だけでなく取引業者も含めた数多くの業界に影響し、やがて物流や交通インフラなどの社会環境そのものにも及んでくるでしょう。だからこそ、縮小する国内市場に固執することなく、一日も早いインバウンド対応が求められるのです。

「とりあえず」ではうまくいかない

「インバウンドに優しいおもてなし認定証」は、盾形のクリアスタンドに入れて配布されます。多くの対象施設では、施設の入り口近くのフロントデスクやお客様の目につく場所に掲示することでしょう。来ていただいたお客様に認定施設であることをアピールすることがおもな目的ですが、それだけではありません。

私が考えるもう一つの目的は、「私たちは外国人客を積極的に受け入れます」という自分自身への意思表示なのです。

何ごとも、中途半端に取り組むことが一番よくないというのは前にも述べましたが、「国内客が少ないからとりあえず外国人客でも受け入れようか」という消極的な気持ちでは決してうまくいきませんし、そのような気持ちは海外のお客様に敏感に感じ取られてしまうでしょう。

まずは、インバウンドを積極的に受け入れるという自分自身への意識づくりから始めて、日々トライアンドエラーを繰り返しながら課題解決に取り組むことが大切なのです。

ものごとは最初から完璧を求めていては前に進めません。一歩前へ踏み出して、一日でも早く取り組むことがノウハウの積み重ねとなり、結果的にお客様の「満足度」を勝ち取り、実績につながる早道となります。

事例２

「歴史的町並み」と「戦争遺産」を活用した観光

観光型の商店街をつくる

大分県臼杵市《うすきし》の活性化に取り組む「臼杵のんき屋」（旧：臼杵の歴史景観を守る会）の副理事長で「臼杵城泊《しろはく》研究会」会長の齋藤行雄さんの活動を紹介します。

臼杵市は、大分県の東海岸に位置する市で、国宝の臼杵石仏や味噌醤油の製造で有名ですが、近年では城下町の町並みでも知られています。

じつは、大分県には「小京都」と呼ばれる城下町がいくつかあります。

これは、大分県が江戸時代に主に八つの藩（中津藩、岡藩、臼杵藩、杵築藩、日出藩、府内藩、佐伯藩、森藩）に分かれていた「小藩分立」の名残であり、いずれの地域も、古くからある武家屋敷跡が城下町の雰囲気を今に伝えています。

旧臼杵藩である臼杵市は、市の海岸部に位置する臼杵城跡をはじめ、狭い路地のいたるところに重厚感のある武家屋敷や寺院が並ぶ「二王座《におうざ》歴史の道」など、情緒あふれる町並みが特徴的です。

この街で生まれ育った齋藤さんは、県の職員を長年務め、在職中から町並み保存の活動に取り組まれてきました。

齋藤さんの活動は多岐にわたっています。最初に取り組んだのが「歴史的町並み整備活動」です。臼杵市の市民らによって結成された「臼杵の歴史景観を守る会」に参画し、市の中心部にある臼杵市中央通り商店街のリニューアルにあたり、アーケードの撤去および街路灯・モニュメント・石畳の整備など、歴史的な町並み景観に合わせた観光型の商店街づくりに努めています。

この商店街のすぐ近くに「二王座歴史の道」があり、現在は地元民や観光客の休憩所として利活用されている「旧真光寺《しんこうじ》」のリノベーションにも携わりました。

真光寺は、浄土真宗本願寺派善正寺の塔頭として享保元（一七一六）年に開基した寺院で、現在は別の場所に移転していて、以前の建物が旧真光寺と呼ばれます。2階まで吹き抜けとなっている構造は、訪れた人たちをいにしえの世界へ誘《いざな》うかのような雰囲気があり、毎年二月から三月にかけて雛人形が飾られるイベント「うすき雛めぐり」の会場の一つでもあります。

この旧真光寺の前は「切り通し」と呼ばれる臼杵を代表する景観の一つとして、平成五（一九九三）年に国の都市景観百選に選ばれています。

城下町全体で「城泊」

近年、歴史的遺産である「日本の城」に宿泊する「城泊《しろはく》」が世界的に注目されています。愛媛県大洲市の大洲城や、長崎県平戸市にある平戸城、広島県福山市の福山城などが知られていますが、いずれも国内外の富裕層をターゲットとして、1泊1組が66万〜132万円と高額に設定され、殿様衣装での記念撮影や天守最上階で和楽器の生演奏などさまざまな体験プログラムを提供しているところもあるようです。

これまでの城泊には、天守閣のあるお城での宿泊という既成概念がありました。臼杵市には臼杵城跡（本丸、二の丸）はありますが、残念ながら天守閣はありません。しかしながら、三の丸（現在の祇園洲地区）には旧臼杵藩主の稲葉家下屋敷をはじめとして、移築された臼杵城御殿や藩主の別荘などがいくつもあり、藩主が実際に暮らした生活空間が残っています。

これらの歴史的な城下町全体を「分散型ホテル」として活用できないかと、齋藤さんが会長を務める「臼杵城泊研究会」が提言しています。目的は、富裕層をターゲットとした観光ビジネスではありません。

齋藤さんは、かねてより、「歴史的町並み整備活動」に取り組むなかで、多くの課題を感じていました。市が所有する多くの歴史的建造物の利活用の低迷や、財政への圧迫、災害へのリスク対応や老朽化による取り壊しの危機、伝統工法の技術の継承問題などさまざまです。これらの課題を、民間の力を活用することで解消できないかと考えたのです。

あわせて、食文化や伝統芸能などいろいろな体験コンテンツを提供することで、歴史や文化遺産の掘り起こしも期待できます。臼杵の城泊は、その概念を城下町全体へ広げることで、あくまで文化運動と歴史的町並みの保存をおもな目的としているのです。

「巨大な防空壕跡」を観光化する

臼杵の観光といえば、臼杵石仏と城下町が知られていますが、じつは、まだ全国的に知られていない名所が齋藤さんの自宅の真裏にあります。

「屋敷余り特殊地下壕《ちかごう》」（通称・赤猫洞）という、戦時中につくられた巨大な防空壕跡です。収容人数はおよそ1000人。入口が6か所あり、中は二層構造で、下層には10畳ほどの部屋が7室のほか、便所や炊事場まであり、上層にも格納庫など多くの部屋があります。中に入ってみると巨大迷路のようで、まるでSF映画に出てくる「要塞」の雰囲気さえ漂っています。

すべて手掘りでつくられたそうですが、これだけの規模の歴史的遺産でありながら、つ

■「観光資源」を発掘して育てる

観光型の商店街をつくる

武家屋敷や寺院が並ぶ道

屋敷余り特殊地下壕の内部

妖怪出現地を巡るツアーを企画

フットパスで風景を楽しむ

シーカヤックを体験してもらう

い最近までほとんど知られていませんでした。

このような知られざる遺産を大切に保全し、歴史を語り継ぐことが重要だと考えた齋藤さんは、観光庁の「誘客多角化事業」を活用して、壕内の廃土など150トンを搬出し、専門家の協力を得て3D立体図も作成しました。

二〇二二年五月から一般公開を始め、当時の体験をしてもらうため、あえて電源を引かず、懐中電灯の明かりのみで案内しています。入場料は、ガイド・懐中電灯・1ドリンク付きで小学生以上が1人1000円（市内小中学生は無料）、市外の小中学校および市内外の高校の学校行事は500円です。

完全予約制でグループごとに入れ替え制とし、今後はアウトドア体験として、時間貸しや宿泊事業も視野に入れています。

「街の日常」を楽しんでもらう

齋藤さんの自宅は、臼杵市中心部から少し外れた臼杵川に近い平清水《ひらそうず》という地区にあります。臼杵市の玄関口である臼杵駅からは遠く、それまでの観光客がよく訪れていた「二王座歴史の道」や中央通り商店街からも離れた地域です。

臼杵駅の隣の上臼杵《かみうすき》駅に近く、のどかな雰囲気のある臼杵川には歩いて行ける距離です。

映画『男はつらいよ』の第30作「花も嵐も寅次郎」のロケが行われた福良天満宮《ふくらてんまんぐう》は、先に紹介した防空壕の真上に位置しています。この位置関係を活用して、既存の観光ルートではない新たな観光ルートをつくれないかと考えました。目をつけたのが「フットパス」を活かしたウォーキングです。

フットパスとは、イギリスを発祥とする里山や田園地帯、古い町並みなど、地域に昔からある風景を楽しみながら歩くことができる小径《こみち》（footpath）です。

ぶらぶら楽しみながら歩くことを「ランブリング」と言います。歩くことで見えてくる地域ならではの風景や、地元の方との温かな触れ合いが、フットパスのランブリングの何よりの楽しみです。

齋藤さんは、駅から徒歩で歩ける範囲内でも十分に観光が楽しめると考え、あえて無人駅の上臼杵駅を出発点として、そこから、屋敷余り特殊地下壕→福良天満宮→臼杵川までの町歩きをフットパスのコースとして設定しました。

出発点の上臼杵駅は、市内に3駅残る築一〇〇年を超える木造駅舎の一つです。小さな無人駅ですが、待合所やかつての宿直室などが昭和レトロな雰囲気に溢れていて、最近は、マルシェや「立ち飲み食堂」の開催なども企画され、再び注目を浴びています。

この上臼杵駅を起点に、ほぼ生活道路ともいえる町の小径を歩きながら臼杵川へ向かいます。これまでの観光概念を覆すような生活圏内の散策コースですが、初めてこの地を訪れた人たちにとっては、新鮮な驚きの連続に違いありません。

ＮＨＫＢＳの『世界ふれあい街歩き』という番組をご存じの方もいるでしょう。旅人の目線で世界の街を「歩く」ことにこだわり、通常のガイドブックには載っていない世界の街の日常や人々との出会いの楽しみを伝えてくれます。臼杵のフットパスも、そうした街の日常や人との触れ合いが大きな魅力となっているのです。

現在、さらなるアクティビティとして、ゴール地点の臼杵川では「シーカヤック」が計画されています。シーカヤックは、水かきが両端についたパドルを自分でこいで水上を進む乗り物ですが、特別なライセンスは不要で誰でも体験可能です。水上からは、普段陸上では見られない角度から景色を楽しむことができ、旅の最後を締めくくるにふさわしい忘れられない体験となることでしょう。

モニターツアーでは、自然公園指導員や郷土史家などの専門家が同行し、自然と歴史の双方向からのガイドとともに、中洲の干潟に上陸して「お茶体験」なども行われたそうです。

妖怪の出現地を巡る「夜会」

齋藤さんの取組みのなかで、もっとも異色ともいえるものに「妖怪出現地を巡るツアー」があります。商工会青年部のメンバーとともに、妖怪と古い町並みを活かして町おこしにつなげようと始めました。

地元の怪談話を掘り起こし、夏の夜に子どもたちを集める「夜会」では、お寺や路地など妖怪出現地数か所を回りガイドを務めました。「夜会」の目的は、子どもたちを怖がらせることではなく、妖怪を通して地元の歴史を伝え、地元に愛着をもってもらうことにあります。

過疎化とともにお祭りなどが伝承されなくなり、古くからの言い伝えも次第に忘れ去られていくなか、このような取組みを通して子どもたちの郷土愛が育まれるとしたら、その意義はとても大きなものだと思います。

さらに今後、日本の怪談などに興味をもったインバウンド客のナイトツアーや「妖怪博物館」の開設なども企画されています。

臼杵という一つの市にこれだけのコンテンツが存在していることを考えると、全国各地の市町村には知られざる「観光資源」がまだ山のようにあるのではないでしょうか。それらを発掘して育て、世に知らしめるためには、齋藤さんのような「誰もやらないことを自ら買って出る」人材が不可欠です。

齋藤さんは、「流れに乗ると思った段階で時代遅れ。時代は自分でつくるくらいの意気込みで」と言います。インバウンド戦略では、それぞれの地域で、そこでしか味わえない唯一無二の体験をどれだけ提供できるかが問われます。

第4章

多様性の時代に対応する

#1 「やさしい日本語」で話す

言葉が通じなくて大丈夫？

ＪＮＴＯ（日本政府観光局）が発表した二〇二三年の年間訪日外国人旅行者数は推計２５０６万人で、コロナ禍前の二〇一九年と比較して78・6％まで回復しました。二〇二四年三月の訪日外国人旅行者数は、単月では初めて３００万人を超え、今後さらなる増加が見込まれています。

思えば、今から20年前に当館がインバウンドを受け入れ始めた頃からは想像もつかないほど多くの外国人客が日本を訪れるようになりました。コロナ禍でいったんは水を差された形になりましたが、再び世界的な大災厄がないかぎり、この勢いはしばらく止まらないことでしょう。

しかしながら、一方で、外国人客の受入れ態勢がまだまだ不十分であるという状況はコロナ禍前と何ら変わっていません。日本全体を見渡してみれば、地域によって、受け入れる側の意識の「温度差」が依然として大きいと感じられます。

今でこそ、どこの観光地も外国人客の姿が珍しくなくなりましたが、私がインバウンド集客を始めた当初は地元でもきわめて珍しい旅館として注目されました。

「言葉が通じなくて大丈夫？」

「いろんな国から来たら、いろんな国の言葉を覚えないといけないから大変でしょう」

近隣の旅館関係者からは、そんな心配の声も聞かれました。たしかに言葉は重要です。幸い、当館の女将である私の家内が外国語大学の出身で、多少英語が話せたことで助かったのも事実です。

九州は比較的アジアのお客様が多いのですが、おおむねどこの国の方も英語を話します。母国語ではないので、ヒアリングはお互いに聞き取りにくかったりすることはありますが、共通言語である英語を習得すれば、大概の国の人とコミュニケーションがとれます。しかしながら一つ問題がありました。当時、当館でまともに英語を話せるスタッフは女将だけだったので、彼女がいないときはお手上げ状態だったのです。

一番のネックは「電話応対」でした。女将がたまたま留守をしていて、ほかのスタッフが電話を取ると、英語での問い合わせで、あわてて「ノーイングリッシュ！ノーイングリッシュ！」と言って電話を切ってしまう。そんなこともたびたびありました。

おそらく、日本全体として、インバウンドの増加とは裏腹に、外国人客に対して積極的な旅館が少ない原因はこんなところにあるのではないでしょうか。

私もそうですが、学生の頃から、「正しい文法・正しい発音で話さなければならない」という強迫観念にも似た思いから、理解はできても「なかなか言葉が口をついて出ない」という状態に陥るのです。その結果、「できるだけ外国人と話すまい」「目を合わさないようにしよう」ということになってしまいます。

とくに高齢の方ほど最初から拒絶反応を示して、「無理！」と決めてかかる人が少なからずいるようです。そう考える旅館関係者の数は今でも決して少なくありません。

＊この節は、私が東海大学の加藤好崇教授に依頼されて『「やさしい日本語」で観光客を迎えよう』（加藤好崇編著、大修館書店）に寄稿した文章を一部転載します。

最初のひと言を日本語で話しかける

インバウンド全国推進協議会で、課題解決のためのアンケートをとったところ、次のような課題が挙げられました（第2章で紹介しました）。

①言葉の問題
②意識の問題
③インフラの問題

④ニーズ・情報発信の問題
⑤地域資源の活用
⑥地域連携の問題

これらの課題について、延べ87人によるグループディスカッションを2回行って解決策を探ったところ、結果として具体的な解決策がもっとも多く見つかったものが「言葉の問題」でした。

グループディスカッションでは、日頃の体験を踏まえて、どのような言葉の問題が現場で起きているのか、さまざまな声が聞かれました。次のようなものです。

・ヒアリングが難しい
・体調不良の方の症状が正確に把握できなかった
・物品販売を超えたコミュニケーション能力の不足
・交通アクセスの説明が難しい
・入店のお客様がどこの国の方かわからず声かけが難しい
・海外のお客様に対応していると、その間に日本のお客様が逃げる（避けてしまう）

これらの問題について、いくつかの解決策が提案されました。それは、「在日外国人との日常的な交流」「多言語コールセンターの活用」「留学生のインターンシップ活用」などでしたが、そのほかに意外な解決案がありました。

「基本は日本語対応」というものです。

「言葉の問題」には、言語能力の不足による不具合は当然のこととして、それ以前の、「外国人に対する苦手意識」を原因とするコミュニケーション能力不足を問題視する声が多くありました。なかには、外国人と見ると、お店のスタッフが隠れてしまったり。そのような苦手意識を克服するのが「日本語対応」ではないかという提案なのです。

すべてを日本語で押し通そうということではありません。あくまでも「最初のひと言を日本語で話しかけましょう」ということです。

日本を訪れる外国人は日本が好きで来ています。そのため、あらかじめ簡単なあいさつ程度の日本語は自分で勉強して知っています。できるだけ日本人と日本語で話したがっています。しかしながら、日本人は外国人と見ると、いきなり無理をして英語で話しかけるため、せっかくの日本語を話す機会を失ってしまいます。

考えてみれば、このことは、私たちが外国旅行をする際も同じだと思うのです。

韓国へ行けば、覚えたての韓国語を話して会話したいという気持ちと一緒です。「アンニョンハセヨ」と話しかけて、相手が「アンニョンハセヨ」と返してくれたら本当にうれしいものです。

まずは日本語で話してみる。そこで相手がちょっと首を傾げたら英語に切り替える。そうすることによって、外国人だからといって逃げずに、最初の一歩をスムーズに踏み出すことができるのです。さらに、相手の方が日本語を話せたらお互いハッピーです。

課題のなかの「入店のお客様がどこの国の方かわからず声かけが難しい」といった問題もこれで解決します。「最初のひと言を日本語で話しかける」ことで、コミュニケーションの最初の一歩を踏み出すことに成功するのです。

「やさしい日本語」と「笑顔」で

山城屋のお客様は約9割が外国人です。そのうち、約5割が韓国人、次いで香港、中国本土、台湾、タイ、シンガポール、欧米系となっています。

そのため、日常的に韓国語と英語を多く耳にしますし、以前は私たちも英語で話しかけていました。そこを切り替えて、まずは「やさしい日本語」で話しかけてみることにしました。

「やさしい日本語」とは、日本人同士の会話でよくありがちな「話を最後まで言わない（推測させる）」「熟語を使う」「外来語（和製英語）を使う」「オノマトペ（擬態語・擬音語）を使う」などを極力避けることです。

「は・さ・み」（はっきり、最後まで、短く）というセオリーも重要です。

私はこのことを、自分だけでなく女将や従業員にも理解して実践してもらうことにしました。最初は戸惑うお客様もいましたが、こちらが笑顔で「こんにちは」と言えば、お客様も自然と笑顔で「こんにちは」と言ってくれます。

私は、何よりも、この「笑顔」が大事だと思っています。私たちが普通に日本人のお客様と接するときと同じように日本語で話しかけることで、肩の力を抜いた接客が自然と笑顔を生みます。

私たち自身が、慣れない英語で無理して話しかけても、その顔は少しこわばっているのではないでしょうか。普段と同じように笑顔で話しかける。そして、その気持ちはお客様にも伝わって、お客様自身も笑顔になれます。

このことは、コロナ禍を経て客足が回復した当館のなかで、ひときわ一人の女性スタッフの接客にあらわれていました。

彼女は若くて接客業に携わってまだ間もないのですが、彼女が館内レストランへ接客に行くと、いたるところで笑いが沸き起こるのです。流暢な英語が話せるわけではないのに、さまざまな国籍の方から同じようなリアクションがあるのを何度も見かけました。

ある日、「接客で心がけていることは何？」と尋ねると、「まずは笑顔です！」と即答で返ってきました。あとは、やさしい日本語と知っているだけの英語やジェスチャーで自然と笑いが生まれるのです。

私は、「やさしい日本語」のもっとも大きな効果は、受入れ側の「肩の力を抜いた接客」による精神的なメリットではないかと思っています。

どう言えばわかってもらえるか

以前、あるきっかけで、大分県の別府市で行われていた「ひるまち　にほんご」という会に参加しました。

この会は、別府周辺に住む日本人と外国人が「やさしい日本語」で交流する会で、別府市にある大学（立命館アジア太平洋大学）の言語教育センターの教員の方たちがボランティアで運営しています。

毎回いろいろなトピックに沿って、参加者同士が「やさしい日本語」で話し、ゲームやクイズを通して楽しく交流しています。

会の大きな目的は、日本人と外国人が「やさしい日本語」を媒介にして歩み寄ることですが、留学生を含めた外国人にとっては覚えた日本語を使って日本人と交流できる場として、また日本人にとっては、外国人と日本語で交流できることを知り、また相手に合わせて工夫した日本語で言いたいことを伝える体験の場としても機能しています。

私はこの会に参加して、あらためて「やさしい日本語」で話すことの意味を考えてみました。「やさしい日本語」を意識して話すことは、日本人にとって意外と難しいものです。話す前に、相手の外国人の立場に立って、「どう言えばわかってもらえるか」をつねに意識しなければならないからです。

しかし、この「相手の立場に立って考える」ということは、何も外国人にかぎったことではありません。

ユニバーサルツーリズムの考え方

私は、由布市湯布院町にある「公益財団法人 人材育成ゆふいん財団」の評議員を務めていますが、その財団では、観光のあるべき姿として、「ユニバーサルツーリズム」を提唱しています。

これは、由布市を訪れるあらゆるお客様を対象とした「おもてなし」のあり方を追求するもので、外国人客のみならず、障がい者、高齢者など広範囲に及ぶものです。いずれにおいても基本的に「相手の立場に立って考える」ことに変わりはありません。

「どうしてもらったら喜ぶだろうか」、逆に「どうされたら困るだろうか」をつねに意識した応対を考えます。そのためには、私たち自身のなかに「やさしい心」がなければなりません。

たとえば、旅館のなかで当たり前に用意されているスリッパと羽織ですが、「男性は青色、女性は赤（ピンク）色」という先入観がありました。「多様性（ダイバーシティ）の時代」と言われているなか、「相手の立場に立って」考えた場合に、はたしてこれでよいのだろうか？　と疑問に思いました。そこで、当館ではスリッパの色はサイズ別に分け、Ｓは青色、Ｍは緑色、Ｌは茶色とし、羽織の色は男女兼用で紫色に統一しました。

また、ご予約プランの中の「カップルプラン」という名称をなくし、「お二人様プラン」に変更しました。

旅館業として、できるだけ多くの方に安心してご滞在いただけることを第一に考えるのは当然のことと思っていましたが、じつは「アンコンシャス・バイアス」（無意識の偏見）というものが私たちの身近にあることにあらためて気づかされました。

安心感がリピーターを生む

これまで、「二度三度来たくなる環境づくり」の重要性について何度も触れてきましたが、そのためにもっとも大事なことは、「相手の立場に立った対応」がどれだけできているかではないかと思います。

それは、国内外を問わず、また、年齢や性別を問わず、障がいの有無を問わず、あらゆる人々に対して同じことがいえるのではないでしょうか。

観光業を営む私たちは、このことをつねに念頭に置く必要があり、そのために日々知恵を絞り工夫していかなければならないと思います。やがて、その先にお客様の「安心感」が生まれ、心地よい「安心感」の積み重ねが「満足感」へと変わり、「もう一度行こう！」という「リピーター」の創出へとつながります。

ともすれば、一見客のみを追いかける誘客宣伝に目がいきがちな昨今ですが、コロナ禍を経験した今こそ、「10年後も確実に来てくれる環境づくり」に本腰で力を入れるべきだと思います。

その結果、誰もが「もう一度行きたい」と思う観光地は、住んでいる私たち自身にとっても間違いなく「住みよい町」になるはずです。

#2 ITを使って情報を発信する簡単な方法

「受入れ態勢」と「情報発信」をバランスよく

これまで、「二度三度来たくなる環境づくり」には「受入れ態勢の整備」がいかに重要であるか、述べてきました。どんなに誘客宣伝を行っても、来ていただいたお客様が何らかの不安や不満を感じて、「二度と行きたくない」と思っては元も子もないからです。

もちろん、「知られていないことは存在しないことと同じ」という言葉が示すとおり、積極的な情報発信は欠かすことができません。ここでいう「情報発信」とは、たんなる誘客宣伝だけではなく、お客様にとって真に必要とされる情報を含んだ幅広い発信を意味しています。

私は、「受入れ態勢と情報発信は車の両輪」だと考えています。どちらが欠けても今後の持続的な観光は望めませんし、インバウンド戦略は常日頃からこの両方のバランスを考えながら継続的に取り組んでいく必要があると思うからです。

インターネットが普及した今、情報は「自ら発信」することが可能になりました。そして、その情報はまたたく間に全世界へと拡散されます。このようなテクノロジーを活用できるか否か、あるいは、そもそも活用しようとするかしないかが、地域においても一施設においても大きな分かれ目となることは間違いありません。

「自分では無理」と思うのであれば、専門家の力を借りればいいのです。

前著『山奥の小さな旅館が連日外国人客で満室になる理由』にも書きましたが、何ごとも「やるかやらないか」の違いだけだと思います。そして、やるからには「とことんやる」ことが重要です。前著の出版から現在まで、7年間に山城屋が新たに取り組んだ情報発信のツールについてご紹介します。

SNSを使った問い合わせが急に増えた

コロナ禍の前と後とで大きく変わった点として、「お客様からの問い合わせ方法」があります。

以前は、メールでの問い合わせが大半を占めていましたが、約3年間のコロナ禍を経て再び外国からの予約が増え始めた今、フェイスブックやインスタグラムなどのSNSのメッセージ機能を使う方が急激に増えています。

外国人客の質問の内容はさまざまですが、「ピックアップサービス（送迎）」に関するものを多く見かけます。

一般に、公共交通機関を利用して当館までいらっしゃる場合、お客様は湯布院の中心部にある由布院駅か湯布院バスセンターまで来て、そこでJRの普通列車に乗り換えて最寄りの湯平駅に向かいます。

通常、私たちは、この湯平駅でピックアップサービスを行っているので、その到着時間についての連絡や、そもそも、どう乗り継いでよいのかを教えてほしいといった要望がリアルタイムで送られてきます。「今、湯布院バスセンターにいます。ここからどうやって行けばいいのですか?」といった具合です。

自動翻訳した日本語で書かれている場合もありますが、英語や韓国語などの外国語表記であることも少なくありません。1日にこんなメッセージが何通も寄せられます。

これらのメッセージに対してできるだけ迅速かつ的確な返信を行うことがお客様の安心感につながりますから、たとえ外出先であっても手元のスマートフォンで返信を行います。

そのためには、あらかじめ想定される質問に対する返答文を定型化して用意していますが、この点は前著で紹介したように、大学生やプロの翻訳家に翻訳してもらった返答文例集をつくっています。しかしながら、その文例をスマートフォン上でコピー&ペーストするにはちょっとした工夫が必要です。そこで、必須なのが「定型文アプリ」です。

スマートフォン対応の「定型文アプリ」は数多く提供されていますが、私が利用しているものは「定型文集」というアプリです。あらかじめ想定される質問ごとに用意した返答文を画面上でタップして、メッセージの返信欄にペーストするだけのシンプルな仕組みです。定型文はいくらでも追加できるので、必要に応じて回答のバリエーションを増やしています。

AIチャットボットで自動返信する

ＳＮＳのメッセージ機能を介した質問や要望が増えた背景には、この数年間でのＳＮＳ自体の普及拡大があると思われます（もちろん、施設側で事前にＳＮＳのアカウントを開設していることが前提です）。

この普及には、電話や堅苦しいメールよりも気軽に送信できるという心理的な側面が大きいのではないかと思います。

「30分後に到着するので迎えに来てほしい」というような差し迫った要望は別として、「施設の利用方法」や「駐車場の案内」などの一般的な質問については、あらかじめ知らせておけば、質問の頻度そのものを減らすことができます。

そのためには、公式サイトで「自動返信機能」を活用して、業務の省力化を図る工夫が必要です。そこで、紹介するのが「ＡＩチャットボットによる自動返信機能」というものです。

ＡＩチャットボットとは、データやログをもとに自己学習したＡＩが質問に対して回答するプログラムです。この機能を使って、お客様が事前に知りたいと思われる情報を網羅したデータを、あらかじめＦＡＱで用意しておけば、いくつかの質問項目に沿ってガイダンス的に回答してくれるのです。

具体的には、公式ウェブサイトの画面上にコンシェルジュ（プロのスタッフ）のようなアイコンを設置して、「ご質問をお伺いします。お気軽にお問合せください」と質問を促します。

人間が質問するのですから、同じことを尋ねる場合も、表現の仕方でいく通りもの質問パターンが存在します。たとえば、駐車場について知りたい場合も、「駐車場はありますか？」「パーキングは無料ですか？」「駐車場はどこですか？」など表現はさまざまです。

これらの質問を機械学習で積み上げたＡＩエンジン（人工知能）が解析して質問意図を汲み取り、もっとも適切な回答を自動返信してくれるのです。ちなみに、当館の公式サイトで導入しているツールは、「トリプラボット」（triplaBot）というトリプラ株式会社が提供しているシステムです。

ＡＩチャットボットそのものは、世の中に数多く存在しています。とくに、コロナ禍の期間中に各企業が人員を削減するなか、顧客への対応業務の省力化を求める声に応じる形で一気に急増しました。

当館が導入したトリプラボットの最大の特徴は「多言語対応」です。対応言語は、日本語、英語、中国語（簡体字）、中国語（繁体字）、韓国語の5言語。使っているパソコンやスマートフォンなどの機器にあらかじめ設定された言語に応じて、自動的に該当する言語を表示する仕組みです。

特筆すべきは、各言語においてＡＩエンジンによる学習機能があり、より自然な言語処理ができる点です。さらにオプション機能を使えば、今話題のチャットＧＰＴ（chatGPT）と連携することで、より人間の会話に近い回答も可能になります。

ＡＩで回答できないケースがあれば、トリプラのスタッフが問題解決のための対応を施設側に促してくれます。

１０４言語対応で新規顧客が増えた

当館山城屋の公式サイトは１０４言語に対応しています。１０４言語と聞いて驚くかもしれませんが、グーグルの自動翻訳機能を活用しています。

104 言語に対応したホームページ

旅館 山城屋の公式サイト

グーグル翻訳は非常に便利なツールなので、日常的に英語や韓国語を翻訳したり、海外旅行での会話に使ったりなど、いろいろな場面で利用する方がいると思います。当館のサイトでの活用方法は、既存のウェブサイトのプログラムにグーグルの翻訳機能をもったプラグイン（拡張機能）を組み込むことによって、閲覧する人が自由に言語を選択できる仕組みです。

具体的には、自社のウェブサイトの画面上部に言語選択のためのボタン、もしくは「ＦＬＡＧ」というバナーを設置して、そこをクリックすると言語名もしくは言語の国旗がずらりと現れるようになっています（前ページ参照）。

設定段階で表示する言語数を日・英・中・韓などの4か国に絞ることもできます。実際に多くのホテルや飲食店のサイトを見ると、ほとんどが4言語対応ですが、当館では、最大１０４言語の対応が可能であれば、その機能をフルに活用しない手はないと、あえて全言語を表示しています。

公式サイトの多言語表記を自動翻訳にすることについては賛否の分かれるところでしょう。当館も、以前はネイティブの留学生らに翻訳してもらった4言語のサイトを公開していましたが、内容更新のたびに彼らに依頼するわけにもいかず、サイトリニューアルのタイミングで思い切って自動翻訳に切り替えました。グーグル翻訳の精度は以前より格段と向上していますが、完全ではありません。できるならネイティブによる正確な翻訳が望ましいとは思います。

一方で、自動翻訳とはいえ、104言語対応としたことによって、東欧や中近東など、これまでまったく縁がなかった国からのお客様が増えたのも事実です。

どちらかを選ぶというよりも、それぞれの特性をよく理解したうえで、使い分けが必要ではないかと思います。

多言語情報発信ツールを活用する

当館では、施設に関する基本的な情報の発信は公式サイトで行い、イベント情報や季節の話題などはSNS（フェイスブックやインスタグラムなど）で発信していましたが、かねてその言語表記の多言語化に問題を感じていました。

そこで、公式ホームページはグーグル翻訳の104言語対応ですが、SNSは、1回の投稿について日本語と英語の2言語併記にしています。日本語で書き込んだあと、同じ内容をグーグル翻訳で英語に変換して追記するのです。

これは、閲覧対象が全世界であることを意識してのことですが、できれば投稿自体も多言語で発信したいところです。しかし、同じ内容について言語を変えていくつも投稿しよ

う と思えば手間がかかり、手間がかかればおのずとその投稿頻度も下がります。また、一施設が独自に発信した場合のリーチ数（実際に見られた数）もかぎられています。

そこでお勧めするのが、インバウンド観光プラットフォーム「ＭＡＴＣＨＡ（マッチャ）」のMATCHA Contents Manager（ＭＣＭ）という多言語情報発信ツールの活用です。

ＭＡＴＣＨＡは、世界２４０以上の国・地域から月間３４０万人以上が訪れ、６６０万ＰＶという驚異的なアクセス数を誇る日本最大の訪日観光メディアです。

観光、グルメ、文化、便利情報など、日本に関する魅力的な記事を10言語で発信し、記事だけでなく、旅行中に使えるクーポン券の発行なども行い、旅行前のツアーの予約なども今後実装予定で、いわゆる「訪日観光プラットフォーム」として、日本の旅を総合的にサポートしています。

現在、外国人客が日本を旅行しようとするときに、観光情報をリサーチするためのサイトの代表的な存在です。

作成した記事を6言語で発信

インバウンド観光プラットフォーム「ＭＡＴＣＨＡ」は外国人社員も擁し、日本各地の観光情報や外国人旅行者にとって有益な情報を独自取材して世界へ発信していますが、多言語情報発信ツールのＭＣＭは、従来のように記者が書くのではなく、対象となる観光地や観光施設が自ら記事を作成して公開することができます。

ＭＣＭの記事を作成する手順は簡単です。

アカウントを取得後、アカウント情報と自施設の営業情報を含めたスポット登録を行います。次に、管理画面上で記事の作成を行います。これは、インターネット上で記事を作成するメディアプラットフォームの「note」（ノート）と使い勝手が似ています。

文章だけではなく、写真や動画、他のサイトへのリンクなどが自由に設定でき、施設周辺のおすすめスポットの紹介など、使い方次第で幅広く情報を発信することができます。

さらに、日本語で作成された記事は、同時に、英語、中国語（簡体字）、中国語（繁体字）、韓国語、タイ語に自動翻訳され、全6言語で世界に発信されます。翻訳精度は比較的高く、よくある固有名詞などの誤訳は直接入力機能によって修正できます。いったん公開したあとでも、必要であれば記事の修正・削除も可能です。

公開した記事のＵＲＬを自分のＳＮＳ（フェイスブックなど）にリンクすることもできるし、交通アクセスに関する記事であればメールに添付してお客様へあらかじめお知らせすることもできます。

名所を案内しながら自分の施設へ誘導する

一般に、記事を作成してSNSに投稿する場合、できるだけ多くの人々の関心を引く話題から入ることが多いと思います。桜や紅葉など観光名所の見どころや、安くて速い交通アクセス、郷土料理などを紹介して、最後に関連して自施設のPRをするというパターンです。

記事を読んでもらうことが最優先なので、この方法が記事作成の定石です。自施設の紹介を先にしてしまうと、その施設によほどの関心がないかぎり読んでもらえません。私もMCMの記事を作成する場合は、やはりこの定石を心がけています。

最終的に自社のPRにつなげて集客力を上げることが目的ですが、ときにはPRというよりも事前の必要情報として「本当に伝えたいこと」を記事化する場合もあります。

たとえば、当館の貸し切り温泉の利用システムについての記事は次のような紹介から始まります。

「旅館に宿泊するうえで一番の楽しみは温泉ですよね。それも、出来ればプライベートで存分に利用出来る客室付き露天風呂が最高です。ですが、そういうお部屋は通常かなりお高い料金を求められるのではないでしょうか？　宿側もメンテナンスなど維持費もかかりますので致し方ないのが実情ですが、実は客室内にお風呂が無くても完全にプライベート

■多言語情報発信ツールを活用する

インバウンド向けの「MATCHA」のトップページ

自ら記事を作成して公開する

MCM 掲載の山城屋の記事

で利用出来る方法があるんです。カップルはもちろん、ご家族だけでも大丈夫。もちろんお一人様でも結構。しかも予約無しで！」

セオリーどおり、一般的な旅館の温泉に関する話題から始まりますが、この記事で本当に伝えたいことは、当館の「お風呂の利用システム」です。

「当館には客室にお風呂はありません。客室の外に四つの家族風呂があって、どれも滞在中は貸し切りでご利用いただけます。」

このような説明をすると、よくある質問として、「予約の必要はないのですか？」「カップルで入ってもいいのですか？」「男湯・女湯に分かれていないのですか？」などと聞かれます。そのつど、「お風呂の内側から鍵を掛ければ完全にプライベートで利用できます」「男湯・女湯の区別はありません」「もちろん、同性同士でもＯＫです」と返答をします。

お目当てのお風呂が今空いているかどうかは、客室テレビで確認できますから、客室にいながら空室状況をチェックできます（ドアに鍵をかければセンサーが反応してテレビ画面上で「空室」「満室」の表示が切り替わる仕組みです）。

こうしたシステムは便利ですが、なかなか言葉では説明しづらいものです。そこで、あらかじめ前述の記事を作成しておいて、そのＵＲＬを質問された方のメールへ添付して送り、「こちらをご覧ください」という案内をしています。

このように、お客様へ確実に伝えたい情報をあらかじめ「記事」として作成しておいて、そのリンクを送ることで説明の省力化を図ることができます。

作成した記事のプレビュー画面からコピー&ペーストして、簡易的なパンフレットを作成することも可能です。逆にパンフレットづくりを前提として、記事としては公開せずに翻訳後のプレビュー機能だけ利用することもできます。

このように、MCMは使い方次第で非常に利用価値の高いシステムです。利用については、無料版と有料版がありますが、最初の記事3本または3か月間までは無料です。アカウント開設後から3か月経過、または4本目の記事からは1本公開につき課金されます(二〇二四年六月現在)。

これは、あくまでもMATCHAのサイト上で「公開」したときに課金されるので、下書きの段階では課金されません。つまり、システムそのものは無料で制限なく使えるということです。

私は、この優れた情報発信ツールを、インバウンド全国推進協議会の会員へ推奨するとともに、「インバウンドに優しいおもてなし認定証」の新たな交付施設の方へも活用方法の一例として紹介しています。

事例3

「昭和の町」を世界に発信する

商店街が「昭和の町」として再生した

大分県豊後高田市《ぶんごたかだ》の「昭和の町」と呼ばれる商店街にある和洋菓子店「モンブラン」の東《ひがし》優里《ゆり》さんの活動を紹介します。

豊後高田市は、大分県北部の国東《くにさき》半島西部に位置し、海路を主とした物流の拠点として江戸時代から昭和30年代まで大変栄えたところですが、その後のモータリゼーションの発達に伴い、中央通り、新町、駅通りなどの中心商店街は、全国に数多くある商店街と同様に衰退の一途を辿っていきました。

この状況を変えようと、町の有志・商工会議所・行政の協力のもと、二〇〇一年頃から商店街の再生へ向けて、「昭和の町」をテーマとした観光振興策を取り入れました。多くの中心商店街に昭和の建築物が残っていたことから、これらを活かしながら商店街がもっとも元気だった頃の賑わいを蘇らせようという取組みです。

やがて、豊後高田市の「昭和の町」は、昭和30年代当時の温かくも懐かしい雰囲気に浸ることのできる街として知られるようになりました。

商店街のそれぞれのお店では、店の歴史を物語る「一店一宝」の展示や、店に代々伝わる「一店一品」の販売を行っていて、レトロな看板や建物が並ぶ町並みは、まるで昭和にタイムスリップしたように感じられます。

それまで、「犬や猫しか通らない」と言われた商店街は、今では年間約26万人の観光客が訪れるようになりました。全国の昔ながらの商店街が、人口減少と郊外の大型店舗出店の影響などで「シャッター街」となって寂《さび》れていくなか、豊後高田市の商店街は「昭和の町」というキーワードを手に入れたことで見事に観光の街として再生したのです。

この中心商店街の駅通りで、58年の歴史をもつ和洋菓子店モンブランは、東さんの亡き父正角さんと母孝子さんが開業した店で、現在は母娘で切り盛りをしています。

娘の優里さんは、「昭和の町」にも次第に外国人客が訪れるようになった二〇一八年に、インバウンド推進協議会へ入会しました。

その後、協議会の定例会にはほぼ皆勤といえるほど毎回参加し、「SNSを使った情報発信」「やさしい日本語」「受入れ環境の整備」などの各セミナーで得た情報を確実に吸収し実践に移してきました。なかでも大きな成果としてあげられるのは、スマートフォンとSNSの活用です。

じつは、協議会に入会した当初、東さんの携帯電話はガラケーでした。入会後に、これからの情報化社会においてはインターネットでの情報収集と発信が不可欠と知り、二〇一九年にスマートフォンを購入。翌二〇二〇年にフェイスブックとインスタグラムを開始します。あわせて、協議会の「インバウンドに優しいおもてなし認定証」の評価項目の一つである「グーグル・ビジネスプロフィール」にもご自身で登録しました。

「グーグル・ビジネスプロフィール」とは、グーグルが提供している無料のローカルビジネス登録サービスです。グーグル検索やグーグルマップで検索したときに表示されるビジネス情報を、オーナーが自分で管理し情報を発信できる便利なツールです。

ですが、このサービスのオーナー登録までしている施設はそう多くはありません。チャレンジ精神と吸収力の旺盛な東さんは、短期間に二つのSNSとグーグルのオーナー登録まで行い、自ら積極的な情報発信に努めたのです。

このことが、その後偶然にも大きなチャンスとなって返ってきました。

「たぬきケーキ」ブームの到来

豊後高田市の「昭和の町」も、さすがにコロナ禍の3年間は人通りも少なく寂しい日々が続いていました。1日の来店客がほとんどなかったある日、母の孝子さんが、「たぬきケーキをもう一度つくってみよう」と突然言い出しました。

「たぬきケーキ」とは、昭和の時代に全国の洋菓子店でよく見かけたバタークリームの中身とチョコレートのコーティングが特徴的なたぬきの姿を模したケーキです。生クリームのケーキが主流となるなかで忘れ去られ、今ではつくっているところも少なく、全国的に見つけることが困難なケーキといわれています。

見た目も愛らしいのですが、バタークリームそのものが馴染みのない今の若者にはかえって新鮮に映るようで、たぬきケーキのマニアもいます。マニアの間では、全国の数少ない取扱店を「生息地」と呼び、運よく購入できたことを「捕獲」というそうです。

東さんは父親がつくっていた当時を思い出しながら製造しましたが、当初は試行錯誤の繰り返しだったといいます。

やがて、完成したたぬきケーキをかつての商品名「ぽんぽこ」で売り出し始めてすぐに、和洋菓子店モンブランに大きな転機がやって来ました。

東さんは、話題のスイーツを実際につくりながら紹介するＮＨＫのテレビ番組『グレーテルのかまど』でたぬきケーキが紹介されることを、インターネット情報で事前に知ったのです。

このタイミングでＰＲしない手はないと、急いで昭和のたぬきケーキ「ぽんぽこ」の写真を撮り、東京に住んでいる娘さんにハッシュタグ（検索キーワード）の付け方などを教わりながら、放送直前にインスタグラムに投稿。番組が始まるやいなや、それまで見たこともないほどの「いいね」が次々と入り、その影響力に大いに驚かされたといいます。

あとで知ったことですが、たぬきケーキ研究家のインフルエンサー（ＳＮＳで影響力のある人）が早い段階でモンブランの「ぽんぽこ」を紹介してくれたようで、そのフォロワーが続々と「いいね」を押してくれたのでした。

番組を見て初めて「たぬきケーキ」を知ったという人も訪れ、インスタグラムとの相乗効果でモンブランのたぬきケーキは一気に有名となり、同店の人気商品となりました。

今ではグーグルマップを頼りに、遠く県外からも来店客が訪れるようになり、かねて取り組んできたグーグル・ビジネスプロフィールでの情報発信も功を奏し、「昭和の時代」とは何の接点もないと思われる外国人客までもがこのケーキを求めて来店するようになったといいます。

あるとき突然、シンガポールから男性のお客様が店を訪れました。

聞けば、いわゆる「推し」のアイドルのコンサートを観るために東京に行く途中、グーグルの「おすすめの場所」を使って各地を訪れるなか、偶然に大分県の宇佐駅に途中下車。宇佐駅で「若宮八幡宮秋季大祭・裸祭り」のポスターが目に留まり、グーグルを頼りに豊

事例３

■「昭和の町」をテーマに商店街を再生

豊後高田市「昭和の町」
（撮影・東優里）

昭和のたぬきケーキ「ぽんぽこ」
（撮影・東優里）

母と娘でインバウンドに
対応する

後高田市を訪れたそうです。そこで、街を散策しようとグルメ情報を検索したところ、可愛らしい「ぽんぽこ」の写真に惹かれてモンブランを訪れたといいます。

「偶然は準備のないものには微笑まない」とは、第1章で紹介した名言ですが、「ぽんぽこ」のヒットは、まさに東さんの「準備の賜物」であったことをあらためて感じさせるエピソードです。

地元の銘菓を守り続ける

かつて和洋菓子店モンブランは、冠婚葬祭の引き出物（手土産）の注文が大半を占めていた時代がありました。お得意さんも多く、配達先も現在の豊後高田市を超えて県内を広範囲に出向くこともあり大変に繁盛していました。

東さんの父親で先代の正角さんは、若い頃から手先が器用で仕事が早く、勉強家で大変研究熱心な方だったそうです。その先代の思いを受け継いだ豊後高田の銘菓と呼ばれる商品があります。銘菓「富貴寺《ふきじ》」です。

豊後高田市にある国宝・富貴寺にちなんで名づけられたこのお菓子は、白あんをパイ生地で包み込んだ洋風和菓子ですが、最大の特徴は中身の白あんにあります。口に含んだ瞬間、ほんのりと磯の香りがして、どこか懐かしい気持ちになりますが、その秘密は白あんに練り込まれた「青のり」なのです。

正角さんが亡くなったあとも、孝子さんと優里さん母娘は長年このお菓子をつくり続けてきました。製法は今も変わりませんが、白あんの原料となる生あんは、昔から取引のある製餡所から仕入れ、青のりも一緒に納品してもらっていました。ところが、コロナ禍の最中にその製餡所が廃業したため、東さんたちは青のりを直接海産物問屋に買い付けに行かなくてはならなくなりました。このときまで、秘密の味の青のりがどんなところで獲れてどんな方法で加工されているのかまったく知らなかったといいます。

海産物問屋に初めて仕入れに行った際、「よかったら一度見学に行きませんか」と言われ、誘われるままに出向いた先は、隣町の宇佐市にある駅館川《やっかんがわ》の下流でした。

青のりは、淡水と海水が交わる汽水域《きすいいき》に多く生息します。毎年、冬から春のかぎられた時期に川の下流で漁が行われ、小舟に乗った地元の漁業者が、かぎ状になった長い棒を使って川底をさらいながら収穫します。

天然の青のりは年々少なくなっているそうですが、駅館川では地元の漁業者が青のりが生育しやすいよう川底の石を洗うなど資源保護に力を入れています。収穫された青のりは緑が美しく、真水で洗って川岸に天日干しされている風景はこの時期の風物詩です。

東さんは、青のりの生産地が意外に身近だったことに驚くとともに、想像以上に貴重な地域資源であることを知ったのです。青のりを白あんに練り込むアイデアを考えついた先代の思いや、かぎられた資源を大切に保護しながら今も収穫を続けている生産者の方たちに深く感謝するとともに、地元の銘菓としての誇りをあらためて感じました。

「おせったい」の精神で人を迎える

銘菓「富貴寺」は、今でも和洋菓子店モンブランの主力商品ですが、東さんは、原材料が貴重な地域資源であることを知ってからは、お客様への説明の仕方が大きく変わったといいます。店を訪れた観光客たちに、地域の歴史や自然の素晴らしさを交えながら、これまで以上に自信をもって商品をお勧めできるのです。

それはたんなる物販を超えたコミュニケーションともいえます。東さんの母である孝子さんも、お客様との会話のやりとりが大好きで、時間があれば商店街の通りにも立って道行く観光客へ「ようこそいらっしゃいませ」と気さくに声をかける明るい人柄として知られています。そのため、近隣の人たちから親しまれていたのですが、コロナ禍では客足がすっかり遠のいてしまいました。

そして、再びかつての賑わいを取り戻した今、国内外を問わず訪れていただくお客様に毎日笑顔で声をかけています。その言葉はすべて日本語です。「まずは日本語で話しかける」

という接客は先に述べたとおりですが、ここでもそのセオリーが生きています。人間同士のコミュニケーションは、お互いが「聞き取ろう」「伝えよう」という気持ちがあれば意外と通じるものです。

「お母さんがんばって。元気でね！」

帰り際にそんな声をかけてくれた韓国のお客様もいたそうです。

昔から、大分県には「おせったい（お接待）」という伝統があります。弘法大師空海への感謝と供養の気持ちから、外来の人を温かく迎え、お茶や食事でもてなす風習です。信仰心の厚い孝子さんは、このおせったいの精神を今も変わらずに体現しているのです。

豊後高田市観光まちづくり株式会社によると、「昭和の町」を訪れる外国人客は二〇一六年頃から増え始め、コロナ禍前の二〇一九年には団体客数で年間２万３０００人となってピークを迎え、その後約３年間はほぼゼロとなりましたが、渡航制限が解除された二〇二二年一〇月から増加傾向に転じています。

また、インバウンドの新たな動きとして、豊後高田市の農村地域で始まった「農家民泊」がグリーンツーリズムとして人気を博し、これまでのアジアだけではなく、アメリカやカナダなどの国々からの訪問も増えています。

これから国際化の流れがますます進んでいくなか、「昭和の町」をテーマとしたこの商店街は、日本の「昭和」という一時代の括《くく》りを超えて、戦後の復興から繁栄期をともに経験した世界中の人たちに「懐かしさ」や「温かさ」を伝え続けていくことでしょう。

#3

オーバーツーリズムを解消するには

オーバーツーリズムは「観光公害」ではない

約3年間のコロナ禍を経て、インバウンドは再びかつての賑わいを取り戻しています。一方で、コロナ禍前から指摘されてきた「オーバーツーリズム」という課題も再びクローズアップされています。

オーバーツーリズムとは、観光地にキャパシティ以上の観光客が押し寄せ、人混みや交通渋滞、騒音やゴミの問題、環境破壊や、それらを原因とした地域住民と観光客とのトラブルなどを指す言葉ですが、日本語では「観光公害」と表現されることがあります。

私は、この「観光公害」という言葉に大きな違和感を覚えます。

たしかに、このような問題はインバウンドの増加とともに顕著になったことではありますが、「観光」が「公害」であるという表現がどうしても腑に落ちないのです。仮に、私たちが観光客として海外の人気の観光地に足を運んだ際にも、今度は私たち自身が「公害」と呼ばれるのでしょうか。

もちろん、一部のマナーを守らない人たちによる迷惑行為が一番大きな問題であることはわかりますが、交通渋滞や街中の人混みの一人ということだけで公害扱いされてはたまりません。ましてや、宿泊業を営む身としては、日常的に観光客がいなければ営業が成り立たないわけですから、その観光客を公害とは口が裂けても言えません。

コロナ禍の約3年間、人流の抑制が叫ばれるなか、観光地はどこも閑散としていました。そうしたなか、「外国人がいなくなってやっと静かになった」「これからは日本人だけの観光地でよいのではないか?」といった声があちこちで聞かれました。

もちろん、観光地が閑散としたままでよいわけがなく、ましてや、日本の人口がすでに減少へ転じているなか、国内市場にかぎれば今後の観光客数は頭打ちどころか下降状態となることは目に見えています。それでも、このような言葉が聞かれる背景には、オーバーツーリズムの弊害が目に余るからでしょう。

一極集中の人気を「分散」させる

オーバーツーリズムを「学校のクラス」に置き換えて考えてみます。

クラスに1人の魅力的な女の子(あるいは男の子)がいたとします。(=観光地)

その子があまりに魅力的なので、そのクラスの多くの子どもたちはその子に夢中で勉強

が手につきません。ついには、ほかのクラスの子どもたちまで覗きにくる始末です。（＝観光客）

困ったことに、その子に興味のない子どもたちが、周りが騒がしくて勉強に身が入らないと苦情を訴えています。（＝一般住民）

授業を円滑に進めたい先生も、まともな授業ができずに困っています。（＝行政・地区・交通機関など）

かなりオーバーにたとえてみましたが、おおむねこのような状況に似ているのではないでしょうか。では、この状況をつくり出したのは「誰」でしょうか？

魅力的な女の子（あるいは男の子）ですか？

その子が他の子よりも魅力的なのはその子のせいではありませんね。

その子に夢中になっている多くの子どもたちですか？

魅力的な子がいたら、その子のことを考えてしまうのは人間の本性ですから責められません。

クラスの先生も授業を円滑に進めるためにいろいろと工夫していますが、一極集中の人気を変えることは困難です。

その子に興味のない子どもたちにとっては何ら関係のない話です。

そこで、この誰のせいでもない状況を変える唯一の方法を考えてみました。

それは、他のクラスも含めて、もっともっと魅力のある子を増やして一極集中の人気を「分散」させることです。自分は魅力がないと思い込んでいるその他の子にも、隠れた魅力が眠っているかもしれません。

ここまでのお話で察しがついたと思いますが、私が考えるオーバーツーリズムは、決して人気の観光地のせいではなく、ましてや大挙して押し寄せる外国人観光客のせいでもありません（人気に惹きつけられるのは当然のことです）。

誰のせいでもないこの問題を解決するには、人気の観光地に「隣接する観光地」が鍵を握っているのではないかと思うのです。

「隣接する観光地」が、自ら「魅力がない」と思い込んでいる、あるいは魅力に気づいていても対外的にアピールできていない、それを第一に改善すべきではないでしょうか。

富士河口湖町の「分散化」への取組み

オーバーツーリズムの対策として話題となったものに、山梨県富士河口湖町にあるコンビニエンスストアの向かいに設置された「黒い目隠し幕」があります。

富士河口湖町にあるコンビニエンスストア周辺では、店の上に富士山が載ったような写真が撮影できるとSNSで話題になったことから、多くの外国人観光客などが訪れ、撮影のために交通量の多い道路を横断するなどの迷惑行為があとを絶ちませんでした。

当初、町は、危険な横断やごみ捨てを禁じる看板を設け、英語や中国語、タイ語で注意喚起し、警備員を現場に配置するなどしました。しかしながら、住民からの苦情が日を追うごとに増加したため、ついに苦渋の選択として、店周辺の歩道に沿って富士山を隠す網目状の黒い幕を設置したのです。テレビニュースのインタビューでは、「残念だけど仕方がない」と言う住民を多く見かけました。

ところが、幕の設置後1週間と経たないうちに、その「黒い目隠し幕」に直径1センチほどの穴が複数見つかりました。予想されていたことと思われますが、この場所でなんとしても撮影したいという人間の欲求は止められなかったのです。町は急いでこの穴を修復するとともに、英語で「触るな」と書いた表示板を幕に取り付ける作業に追われました。

私はこのニュースを知って、安全と平穏な住民生活を確保するための苦渋の選択をした行政を十分に理解すると同時に、ちょっと残念な気持ちになりました。規制だけでは人の欲求を抑えられないことは、この穴が十分に証明しているからです。

ところが、その後10日ほどして、今度はこの黒い幕にQRコードを付けて、町内の他の地域にある富士山の撮影スポットを紹介することを始めたといいます。

スマートフォンで読み取ると、英語や中国語、韓国語、タイ語を選べる町のホームページが開き、住民や旅行者を交通事故から守るために幕を張ったという理由を説明したうえで、富士山の他の撮影スポットとして、河口湖のほか、西湖、精進湖周辺を地図付きで紹介しています。

町はたんに規制するだけでなく、なぜ規制せざるを得ないかの説明と、まだまだ魅力がある周辺の観光スポットを広く紹介することで、一極集中の状況を変えるために分散化に力を入れたのです。

QRコードの効果については今後検証が行われることと思いますが、これは全国のほかの観光地においても重要なヒントになるのではないでしょうか。

さまざまな人流の抑制施策によって溢れた観光客が、国内のほかの場所へ向かってくればよいのですが、訪問する国そのものを日本以外の国に変えられてしまっては元も子もありません。

私が心から願うことは、その土地に魅力を感じてはるばるやって来た人たちを間違っても「公害」とは呼ばないでほしいということです。そして、その周辺地域の人たちは、もっと自身の地域の魅力に気づいて磨きをかけ、誇りをもって対外的にアピールしてほしいと思っています。

人の流れは一気には変わりませんが、数多くの「支流」が生まれることによって、その流れは次第に緩やかとなり、日本の隅々まで潤いをもたらすことになるに違いありません。人流の抑制よりも、「分散」させるための工夫に知恵を絞らなければ、この問題はいつまで経っても解決しないと思います。

事例4

「忘れ物」が新たなリピーターを生んだ

外国人客の忘れ物を海外に送り届ける

最後に紹介するのは、大分県大分市で「Lost Item Delivery（ロスト・アイテム・デリバリー）株式会社」を経営する吉永陽介さんの活動です。

吉永さんは、コロナ禍が明けて訪日外国人客が再び増加するなか、増え続ける忘れ物を宿泊施設などに代わって海外配送するという画期的なサービス「WASULUCK（ワスラック）」を全国展開しています。

日本を訪れる外国人客はさまざまな「不安の種」を抱えています。

外国旅行をするとき、「パスポートを失くしたらどうしよう」という不安を誰しも感じたことがあると思います。その不安は、パスポートだけでなく、貴重品や記念の指輪など特別な思い入れのある品物の場合もあるでしょう。

これまで、外国人客の忘れ物は、ホテルや旅館などの施設側と忘れた本人が直接やりとりを行っていました。

私の旅館を例にとると、もっとも多い忘れ物は衣類関係で、次にアクセサリー、時計、スマートフォン、バッテリー、コスメ、お土産など。これらの忘れ物について、施設側は不慣れな国際郵便などの手続きを自力で行わなければならないのはもちろんですが、忘れ物のなかには国際郵便では送れない禁制品もありますし、航空便や船便などの輸送方法や輸送日数によって送料も大きく異なります。

さらに、やりとりを海外にいる本人と外国語で行わなければならないので、その業務は施設側にとって大きな負担となります。

吉永さんは、かつてホテルに勤務し、その後、輸出入事業に携わった経験がありました。この二つの経験を生かせば、これらの問題を解決できるのではないかと考えたのです。やがて、この画期的な事業の狙いは的中し、サービスの契約施設数は500施設、ホテルの客室数では4万室までに成長しました(二〇二四年六月現在)。

施設はホテルや旅館だけでなく、レンタカー会社やタクシー会社、空港・観光施設など、訪日旅行に関連するさまざまな業種に広がっています。

潜在ニーズを把握できれば、ヒット商品の創造や売上げ拡大の効果が期待できるといわれますが、まさしくこの「忘れ物海外配送サービス」は、観光業界の潜在ニーズに着目したサービスでした。

費用はゲストから徴収する

吉永さんが手がける忘れ物海外配送サービスWASULUCK（ワスラック）の名称は、「WASU」＝「忘れ物」と「LUCK」＝「幸運」を組み合わせた造語です。

サービスの手続きは以下の順で行われます。

①忘れ物が発生した場合、このサービスを契約した施設は、WASULUCKを運営するLost Item Delivery（以下、LID）へ連絡する。

②連絡を受けたLIDのスタッフはゲストに多言語で直接連絡する。

③送料と手数料の見積金額をゲストに提示し、了承が得られればオンラインで決済する。

④梱包・保険手続き・書類作成・追跡調査などをLIDが施設に代わって行う。

これらの手続きにかかる費用は忘れ物をしたゲストから徴収するので、施設側は実質無料で依頼できます。施設側は忘れ物そのものをLIDへ発送するという手間はかかりますが、その送料も着払いでOKです。

海外配送は日本国内と比べるとリスクが高く、破損や紛失・遅延なども考えられます。LIDは、それらについても追跡調査を行い、ゲストに無事到着するまでをサービスとしています。ちなみに、忘れ物のなかで比較的多い割に国際郵便では禁制品とされているワイヤレスイヤホンも、同社の独自ルートで配送可能です。

忘れ物に付加価値を付ける

忘れ物海外配送サービスWASULUCKには、他の配送代行サービスと一線を画す大きな特徴があります。それは、忘れ物を梱包する箱の中に、日本の観光名所やグルメなどをPRする広告物を同封すること。

もちろん、広告依頼主である企業から広告費をいただいて行うサービスですが、DMとは違い、忘れ物という荷物の性質のため開封率は100％です。同社では、配送にかかる手数料よりも、この広告費のほうが収益源となっているようです。

運営当初に試作した、別府の名所を漫画風にデザインした「配送ボックス」も日本のポップカルチャーに関心のある若年層を狙った取組みとして大いに話題となりました。

配送ボックスを受け取った外国人は、一度は日本を訪問したお客様です。これらの広告を見て、「今度はこの場所に行きたい」と思ってくれたなら、それは新たなリピーターの創出となり、有名な観光地以外の場所も紹介できれば、一極集中する観光地の分散化につながることが期待されます。

助成金でDX化の費用を賄う

近年、「DX（デジタル・トランスフォーメーション）」という言葉をよく耳にするようになりました。「デジタル化により社会や生活の形・スタイルが変わること」を意味します。企業にとっては、たんなるIT（情報技術）の活用にとどまらず、業務そのものや、組織、プロセスなどを変革し、競争上の優位性を確立することを指しています。

吉永さんは、この事業の需要が今後ますます高まることを予測し、いち早く業務のDX化にも取り組みました。

たとえば、1日に何件もの依頼を複数のスタッフで受ける場合、案件ごとに進捗状況は刻々と変わっていきますが、それらの案件を日々的確に捌《さば》いていくために、そのつどスタッフが入れ変わっても過去から現時点に至るまでの情報（データ）を瞬時に取り出して誰でも対応できるようにしたのです。

このDX化により、急増する事務作業をワークシェアリングできるようになり、同じ作業にかかる業務時間を約61％も削減できました。

また、社内業務ルールの見直しを含め、業務手順のすべてを可視化し、依頼管理、進捗管理、ゲストやホテルとのメールなど、業務のすべてを一元管理できるシステム構築も行いました。業務効率が上がれば、それだけより多くの作業が消化できるため、全体的に処理できる案件はさらに増加します。企業としてはより多くの売上げが期待できます。

当初、このＤＸ化にかかる初期費用は３００万円ほどと思われましたが、大分県のＤＸ支援事業「おおいたＤＸ共創促進事業」に採択されたことで、助成金で費用を賄うことができました。この支援事業の活用方法は、協議会のセミナーで知ったとのことです。

新事業サービス「日本遺失物捜索隊」

ホテルや旅館など、忘れ物をした場所が特定できている場合は送ってもらえばすみますが、そもそも、失くした場所すらわからないというケースもあります。吉永さんは、落とし物を探すところから始めるサービスも新事業として開始しました。その名も「日本遺失物捜索隊」というサービスです。

日本に到着してからなくなったことに気づいた時点までの行程を依頼主から聞き取り、捜索範囲を最大3か所まで設定して捜索します。空港から移動した際の交通機関（電車、バス、タクシー）や、立ち寄った商業ビル、最寄りの警察などへ問い合わせ、１か所ずつ丁寧に捜索を行います。その結果、依頼された落とし物のおよそ81％が発見されるといいます。

このサービスは、台湾の旅行メディアでも告知して、現時点では月１００件ペースで捜索依頼があるといいます。

事業を始めてわかったことは、交通機関や警察に届けられる忘れ物は日々膨大な数に上り、各部署の遺失物担当者も大変困っているという状況でした。現在、日本で落とし物をした訪日外国人客のほとんどは、その捜索を諦めていると思われ、今後も増え続ける落とし物が大きな問題となっています。

「日本では財布を落としても高い確率で戻ってくる」とはよく言われることですが、日本遺失物捜索隊が果たす役割は、日本を旅行する外国人へ、日本の治安のよさと親切丁寧な国民性をあらためてアピールしてくれるに違いありません。

コロナ禍を機に一気に営業を拡大

今はすべてが順風満帆に思われる吉永さんの取組みですが、忘れ物海外配送サービスを企画して開始した二〇二〇年一月は、まさにコロナ禍の始まりのときでした。

前年まで好調だったインバウンドの勢いに乗って、これからますます需要が増えるだろうと予測しての船出のはずでした。しかしながら、翌二月よりコロナ禍によって観光業は大打撃を受け、立ち上げたばかりのこの事業も案件ゼロの日が続きました。このまま万事休すと思われたところ、思わぬ形で「コロナ」に助けられることとなります。

事例 4

■ 外国人観光客の忘れ物を持ち主に届ける

観光名所をデザインした
配送用の箱

台湾の旅行メディアにも
広告を出した

吉永陽介さん（左端）と
スタッフたち

それは、Ｚｏｏｍなどのオンラインミーティングの普及拡大です。全国的に「人流の抑制」が注意喚起されるなかで、社内の会議や取引先との営業交渉などをインターネットの画面上で行う遠隔会議が一気に広まりました。これによって、地方にいながら、全国の企業と営業交渉を行うことが違和感なくできるようになりました。吉永さんは、この機会をフルに活用して、全国のホテルなど観光事業者へ営業を展開しました。

コロナ禍がなければ、右肩上がりのインバウンド需要で会社運営は順調に推移したかもしれませんが、コロナ禍をきっかけとしたオンラインミーティングの普及のおかげで、大分県の一ベンチャー企業が、取引先を一気に全国に拡大できたのです。

吉永さんの会社Lost Item Deliveryの通称「ＬＩＤ」にはもう一つの意味があります。

それは、L＝Lucky、I＝Invitation、D＝Discover new destination。

「忘れたことは幸運で、新しい目的地からの招待状です」との思いを込めているのです。

忘れ物に気がついた瞬間、誰もが絶望的な気持ちになりますが、その忘れ物が無事に戻ってきたときに、「また日本に来てくださいね」という気持ちが込められた、新たな観光名所やグルメ紹介などの広告物が同封されていたとしたら、それはまさに、「新しい目的地からの招待状」に映ることでしょう。

スタッフから生まれたアイデアとして、配送ボックスの中に日本の伝統的な折り鶴も同封しているそうです。配送終了後にゲストから届くメッセージのなかには、品物を受け取ることができたことへの感謝の気持ちとともに、可愛らしい折り鶴に感動したという言葉も多く見受けられます。

さらに、忘れ物が発見されるまでの間にスタッフと何度もメッセージのやりとりを行うなかで、自然とフレンドリーな気持ちが生まれ、「年内にもう一度日本へ旅行するので、お勧めの場所を教えてほしい」とリクエストを受けるようにもなったといいます。

一度日本を訪れたお客様への、「忘れ物」を通して得られた安心・安全な体験と、きめ細やかでフレンドリーな対応は、次回も日本を訪れてくれる新たなリピーターを生むことでしょう。

おわりに

『山奥の小さな旅館が連日外国人客で満室になる理由』の出版から7年の月日が流れました。この間、順調に推移するはずだったインバウンド市場は「コロナ禍」という思わぬ事態に見舞われ、約3年間の大きな停滞を余儀なくされました。

そして、暗中模索するなかで、私たちは多くのことを学びました。それは、「人とのつながり」や、「ないものを嘆くな、あるものを活かせ」「偶然は準備のないものには微笑まない」といったいくつかの教訓ともいえるものです。

昨年（二〇二三年）の一一月、当館の大女将（私の妻の母親）である後藤幸子《さちこ》が83歳でこの世を去りました。亡くなる直前まで台所に立って仕事をしていたので、私たちにとっても突然の出来事でした。

「一度見たお客様の顔は決して忘れない」という大女将は、その朗らかな人柄と、天才的ともいえる料理の味付けが喜ばれ、国内外の多くのお客様から愛されていました。その大女将が五〇年来つくり続けた「田楽みそ」をおよそ2年前に「大女将秘伝の味噌」として商品化していたことは、その後の私たち自身にとって大きな救いとなりました。

この味噌は、「コロナ禍」という不測の事態を経験したことで、事業多角化の必要性を感じて商品化したものですが、はからずも、それは結果的に大女将の「伝承の味」として、これからも末永くお客様へ提供できることになったからです。

コロナ禍では、私たちの旅館と同様に、協議会の会員さんも大変なご苦労をされ、それぞれに新たな発見があり、さまざまな取組みをされていることを知りました。

私はかつて、急成長するインバウンド市場を見越して「インバウンドの明るい未来」を一度は語った者の責務として、これらの教訓と新たな取組みをどこかで広く伝える必要があるのではないかと考えるようになりました。

コロナ禍を経験して学んだもっとも大切なことは、「人とのつながり」でした。それは10年後も確実に来ていただける「リピーター」を生み出す原点でもあります。

リピーターを生むためには、「二度三度来たくなる環境づくり」が重要であることは本書で何度もお伝えしたところですが、私にも、かつて訪れて「もう一度行きたい」と思う場所があります。それは、今から8年前に家内と泊まった香港のホテルです。

香港へ行ったおもな目的は、ＪＮＴＯ（日本政府観光局）の香港事務所へのご挨拶と情報収集、地元の雑誌社数社とテレビ局関係者への売込みでした。

すべての行程を自分たちで考え、添乗員も通訳もなしの完全な個人旅行でしたので、計画とは裏腹に内心は不安な気持ちで一杯でした。

午後七時頃にホテルに着いた後、明日からの営業活動の前に、比較的近くにあると思われたヴィクトリアピークという香港で一番美しい夜景が見られる展望スポットへ行ってみようと思いました。とはいえ、ホテルからどうアクセスしてよいのかわからなかったので、フロントデスクへ尋ねてみたところ、おそらくまだ20代と思われる若い男性スタッフがニコニコしながら親切に対応してくれたのです。

当初はタクシーで行くことを考えていましたが、「タクシーは料金が高いです。バスで行くことをお勧めします。ここからバス乗り場までをご案内します」と言って、バス乗り場までの順路をご自身でわかりやすく丁寧に描いた地図まで用意してくれました。

私たちは日本で旅館を経営しているという話をしたら、「日本のサービスは世界一ですよ！」と身振り手振りを交えて称賛してくれたことを今でも思い出します。親切な彼のおかげで、私たちは難なくバス乗り場まで辿り着け、香港名物の二階建てバスにも乗ることができました。

私は、ホテルの名前はもちろん、その男性スタッフのネームプレートに書いてあった名前を今でもフルネームで覚えています。次に香港に行った際には、必ずそのホテルに泊まりたいと思っていますが、逆の立場に立ってみると、このような潜在的リピーターをどれだけもつことができるのかが、今後のホテルや旅館の持続的な営業にとって大きな要素となるのではないかと思うのです。

豪華な設備や高級な料理よりも、こうした些細な「安心感」が「満足度」となり、「リピーター」を生むことにつながるものと確信します。

コロナ禍を経て、再びインバウンドが復活した今、「オーバーツーリズム」という新たな課題も生じています。観光業にかぎらず、人と接する場面では、つねに「相手の立場に立って考える」ことが求められていますが、それは必ずしも「受け入れる側」だけでなく、「訪れる側」も同じです。お互いがお互いを思いやることで、10年後、20年後も続く「持続的な観光」が実現できると信じています。

世界的に心の分断が顕著となりつつある今、「抑制よりも分散」「拒絶よりも対話」を決して諦めることのないように、私たち自身が常日頃から心がけていたいものです。

最後に、本書の出版にあたって、前著に引き続きご支援とご協力をいただいた私の母校・大分県立大分商業高校の大先輩である安部毅一氏と、ことぶき社の大屋紳二氏のお二人に心より感謝申し上げます。

旅館 山城屋　代表　二宮謙児

著者紹介

二宮謙児（にのみや・けんじ）

有限会社山城屋代表。

1961年、大分県生まれ。（一社）インバウンド全国推進協議会会長。経営する旅館山城屋は、外国人客の受入れを進めて、客室稼働率ほぼ100%を達成。2015年「九州未来アワード」で審査員特別奨励賞受賞。

世界最大の旅行口コミサイト「トリップアドバイザー」の「日本の旅館部門2017」で満足度全国3位にランクイン。顧客目線でのデジタル対応をはじめ、近年はクラウドファンディングや自社ECサイトにも力を入れる。

2020年、中小企業庁「はばたく中小企業・小規模事業者300社」に選定。2021年、中小企業庁「中小企業白書・小規模事業白書」にて事例紹介。

2024年4月発表のトリップアドバイザー「日本の旅館部門」では、満足度全国2位（アジアで17位）にランクイン。

企画協力　安部毅一
編集協力　大屋紳二（ことぶき社）

山奥《やまおく》の小《ち》さな旅館《りょかん》に
外国人客《がいこくじんきゃく》が何度《なんど》も来《き》たくなる理由《りゆう》　〈検印省略〉

2024年 10 月 17 日　第 1 刷発行
2025年 1 月 23 日　第 2 刷発行

著　者――二宮　謙児（にのみや・けんじ）
発行者――田賀井　弘毅

発行所――株式会社あさ出版
〒171-0022 東京都豊島区南池袋 2-9-9 第一池袋ホワイトビル 6F
電　話　03 (3983) 3225（販売）
　　　　03 (3983) 3227（編集）
F A X　03 (3983) 3226
U R L　http://www.asa21.com/
E-mail　info@asa21.com
印刷・製本　プリ・テック（株）

note　http://note.com/asapublishing/
facebook　http://www.facebook.com/asapublishing
X　https://x.com/asapublishing

ISBN978-4-86667-708-8 C2034

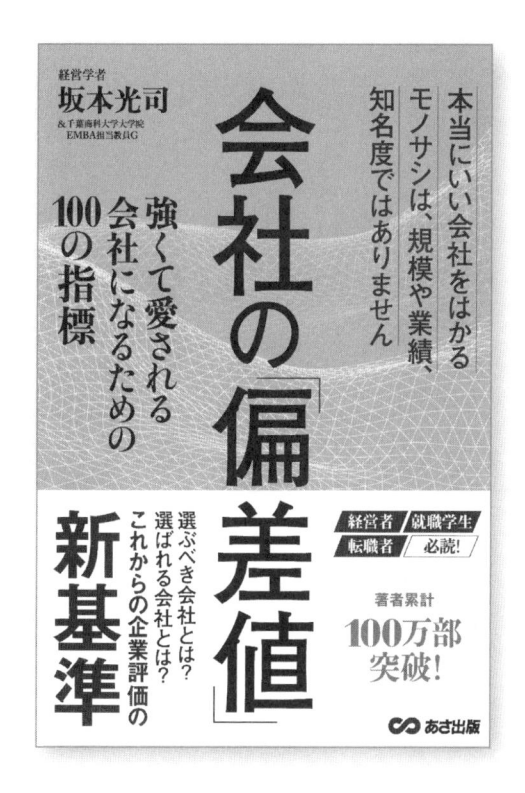

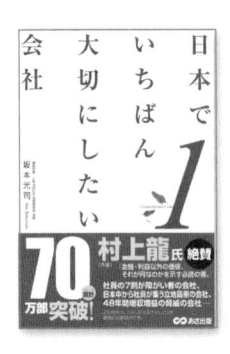

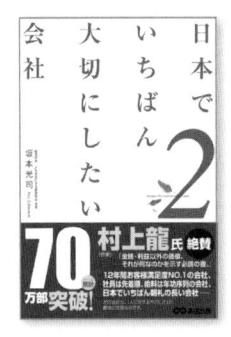

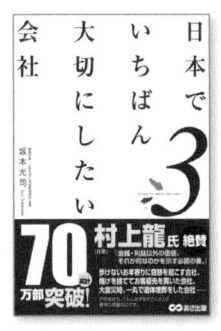

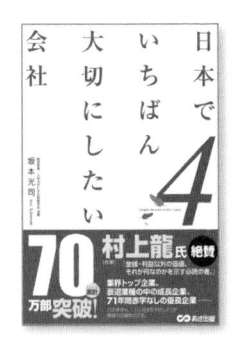

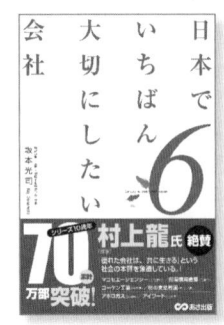

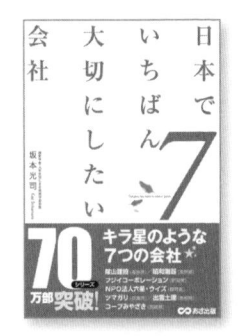

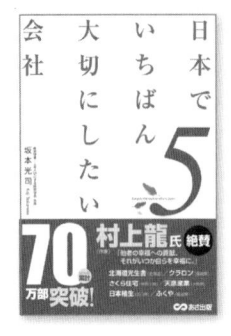